Beatrix Flatt

Grenzraum

Begegnungen an Oder und Neiße

Reiffer

In diesem Buch wird nicht einheitlich gegendert, da bisher noch keine eindeutigen und allgemeingültigen Regeln für gendergerechte Sprache formuliert wurden. Die Texte sollen angenehm zu lesen sein und gleichzeitig ausdrücken, dass Menschen jedes Geschlechts angesprochen werden. Sprache beeinflusst unser Denken. Aus der Forschung ist bekannt, dass sich die meisten Leser*innen bei Sätzen, die im generischen Maskulinum formuliert sind, in erster Linie auch nur Männer vorstellen. Deshalb werden in dem Buch sowohl Gendersternchen, Doppelnennungen, genderneutrale Begriffe als auch das generische Maskulinum verwendet.

Beatrix Flatt
Grenzraum
Begegnungen an Oder und Neiße

Umschlaggestaltung: Karsten Weyershausen, Fotos: Beatrix Flatt
Das Kartenmaterial wurde mit StepMap erstellt
(Daten: Natural Earth / OpenStreetMap, Lizenz ODbL 1.0)

Lektorat: lektorat-lupenrein.de

Hergestellt mit Materialien aus verantwortungsvollen Quellen (FSC® C107574)

ISBN 978-3-910335-91-2

Verlag Andreas Reiffer, Hauptstr. 16 b, D-38527 Meine
www.verlag-reiffer.de

Den engagierten Menschen
im deutsch-polnischen Grenzraum

Inhalt

Über dieses Buch

Sechs Wochen lang war ich im Sommer 2023 mit dem Fahrrad an der deutsch-polnischen Grenze, östlich und westlich von Oder und Neiße unterwegs und habe etwa 60 Interviews mit Menschen, die dort arbeiten, leben und sich engagieren, geführt. Knapp 2.000 Kilometer habe ich auf wunderbaren Fahrradwegen, kleinen Landstraßen, holprigem Kopfsteinpflaster, sandigen und matschigen Feld- und Waldwegen, Trampelfpfaden und stark befahrenen Bundesstraßen zurückgelegt. 2019 war ich schon einmal als Grenzgängerin unterwegs, und zwar zu Fuß an der ehemaligen innerdeutschen Grenze. Das Fahrrad erlaubte es mir dieses Mal, nah bei den Menschen und ihren Geschichten zu sein, aber trotzdem die weiten Distanzen zwischen Brücken über die Flüsse und die teilweise langen Wege über das Flusstal zu überwinden. So konnte ich die Grenze nicht nur als Linie erkunden, sondern als Grenzraum, als Schnittpunkt von Geschichte, Kultur und Identität.

Ich startete mit großer Neugier und vielen Fragen im Gepäck: Was trennt und was verbindet an dieser Grenze? Was sind die kulturellen Unterschiede und Gemeinsamkeiten? Welche Rolle spielen die beiden Flüsse für die beiden Länder? Wo gibt es Engagement, Verbindungen und Brücken? Welche Bedeutung haben diese Verbindungen für ein geeintes Europa? Wie meistern die Menschen ihr Leben fernab von Metropolen in einer ländlichen Region, die vom Strukturwandel betroffen ist? Welche Perspektiven gibt es für sie? Wirkt die Geschichte des 20. Jahrhunderts, speziell die Folgen des Zweiten Weltkriegs, für die Bewohner*innen des Grenzraums noch in irgendeiner Form nach? Werden in der Region ausreichend Natur- und Klimaschutz betrieben?

Aber bevor ich mich in den Sattel schwang, um Antworten auf diese und viele andere Fragen zu finden, beschäftigte ich mich mit den historischen und geografischen Aspekten der ehemaligen Demarkationslinie und trug ein paar Fakten zusammen:

Deutschland und Polen haben 468 Kilometer gemeinsame Grenze überwiegend entlang von Oder und Neiße. 923 rot-weiß gestreifte und 923 schwarz-rot-gold gestreifte Grenzmarkierungssäulen säumen die beiden Flüsse, die eine einzigartige Landschaft durchziehen: enge Flusstäler im Süden, das Oderbruch in der Mitte, und im Norden die weiten Fluss-Auenlandschaften. Kurz vor dem Stettiner Haff schwenkt die Oder ostwärts und fließt nach Stettin, während die deutsch-polnische Seegrenze nach Norden durch das Stettiner Haff zieht und die Insel Usedom teilt, bevor sie auf die Ostsee trifft.

Oder und Neiße wurden nach 1945 auf ihre Funktion als Grenze reduziert. Die Flüsse als Lebensadern und Naturraum spielten kaum eine Rolle. Die deutsch-polnische Grenze ist keine historische Grenze, sondern eine Folge des Zweiten Weltkriegs: Deutschland musste Gebiete abtreten, Polen wurde nach Westen verschoben, und die Oder-Neiße-Linie wurde laut Potsdamer Abkommen von 1945 die Westgrenze Polens. Zunächst bildeten Oder und Neiße die Grenze Polens zur Deutschen Demokratischen Republik und nach der Wiedervereinigung zwischen der Bundesrepublik Deutschland und Polen. Millionen von Menschen – Polen wie Deutsche – waren nach dem Zweiten Weltkrieg heimatvertrieben, wurden umgesiedelt und mussten versuchen, eine neue Heimat zu finden und diese zu akzeptieren. Die Oder-Neiße-Demarkationsline entwurzelte und trennte Familien über Jahrzehnte hinweg, zerschnitt Kultur- und Naturräume, teilte Städte, kappte Straßen und Eisenbahnverbindungen. Tiefe Wunden haben sich in die Seelen von ungezählten Menschen gebrannt.

Deutschland und Polen sind heute als EU-Mitglieder und NATO-Partner eng miteinander verflochten. 2007 ist Polen dem Schengen-Raum beigetreten, sodass freies Reisen zwischen beiden Ländern heute Alltag ist. Viele polnische Staatsbürger oder Menschen mit polnischen Wurzeln leben und arbeiten in Deutschland. Deutsche leben umgekehrt in Polen, Berufspendler aus beiden Ländern passieren regelmäßig die gemeinsame Grenze.

Mehr als 30 Jahre alt ist der Vertrag zwischen Deutschland und Polen über gute Nachbarschaft und freundschaftliche Zusammenarbeit. Die Menschen aus beiden Ländern sind hierfür einen weiten Weg gegangen.

Gute Beziehungen zwischen Ländern entwickeln sich nicht nur durch die Zusammenarbeit auf politischer Ebene. Freundschaften zwischen Ländern entstehen nicht nur durch Kontakte zwischen Menschen in den jeweiligen Hauptstädten oder Metropolen. Zwischen Berlin und Warschau, zwischen Krakau und Bonn liegen europäische Regionen und das deutsch-polnische Grenzgebiet. Für beide Völker bedeutet diese Grenze eine Zäsur, denn Städte und Dörfer östlich von Oder und Neiße haben eine deutsche Geschichte und eine polnische Geschichte. Eine gemeinsame Geschichte und eine grenzüberschreitende Erinnerungskultur gibt es nicht, vielleicht noch nicht.

Bereits 1950 erkannte die DDR die Oder-Neiße-Linie als deutsch-polnische Staatsgrenze an. Man sprach von der Oder-Neiße-Friedensgrenze. Die BRD erkannte die Oder-Neiße-Linie erst 1970 als Westgrenze Polens an. Bis dahin glomm in einzelnen Familien, die aus den ehemaligen deutschen Ostgebieten vertrieben wurden, vielleicht immer noch ein Funken Hoffnung, dass sie eines Tages in ihre alte Heimat zurückkehren könnten. Bei den Menschen in Polen, die in den Städten, Dörfern und Häusern lebten, die bis 1945 den Deutschen gehört hatten, schwang lange Zeit die Angst mit, dass sie ihre neue Heimat vielleicht erneut verlassen müssten. Auch das ist mittlerweile Geschichte: mit dem Zwei-plus-vier-Vertrag im Zuge der deutschen Wiedervereinigung wurde die Oder-Neiße-Grenze endgültig anerkannt.

Die Grenze zwischen Polen und der DDR war zwar eine Grenze zwischen zwei sozialistischen Staaten, trotzdem war sie über viele Jahre nur beschränkt passierbar. Das veränderte sich ab 1972, als sie geöffnet wurde und es zur Annäherung zwischen beiden Ländern und zu grenzüberschreitenden Projekten im Bereich Kultur und Wirtschaft kam. Allerdings wurde auf Wunsch der DDR-Behörden der visafreie Personenverkehr 1980 wieder eingestellt. Grund waren die Solidarność-Bewegung und das wachsende Streben nach Freiheit und Demokratie in Polen. Seit der Wiedervereinigung 1990 ist die Oder-Neiße-Grenze die Ostgrenze des wiedervereinigten Deutschlands. Direkt nach dem Fall des Eisernen Vorhangs Anfang der 90er Jahre begann die intensive Zusammenarbeit der Kommunen über Landesgrenzen hinweg. Grundlage dafür war die Bildung von vier grenzüberschreitenden Euroregionen. Auf beiden Seiten von Oder und Neiße entwickelt sich ein deutsch-polnischer Verflechtungsraum, der von den Flüssen, Oder und Neiße, aber vor allem von den Menschen, die hier leben, geprägt ist.

Und dann ging es los.

Mit jedem Tritt in die Pedale habe ich nicht nur die Wege und die Landschaft erkundet, sondern auch die Verbindungen zwischen den Kulturen und Lebensweisen auf beiden Seiten der Flüsse. Jede Begegnung, sei es in einem kleinen Dorf oder einer größeren Stadt, hat mich auf unterschiedliche Weise berührt. Getroffen habe ich selbstbewusste Menschen, die Verbindungen schaffen, Zukunft gestalten und den großen, aktuellen Herausforderungen von Strukturwandel und Transformation begegnen, und das alles in einer dünn besiedelten Grenzregion, weit weg von Metropolen. Ändert man allerdings die Perspektive und betrachtet beide Länder als starke Partner in einem vereinten Europa, so rückt die Grenzregion von der Peripherie in das Zentrum zwischen Berlin und Warschau, zwischen Breslau und Dresden. Oder und Neiße als gemeinsame Grenzflüsse haben die Menschen näher zusammenrücken lassen. Besonders die Oder wurde zum Symbol der Verletzlichkeit unserer Ökosysteme. Umweltaktivist*innen in Deutschland und Polen sorgen sich um ihren Fluss, um die Lebensader einer ganzen Region.

Getroffen habe ich Menschen, für die eine Grenze zwischen Polen und Deutschland immer unwichtiger wird. Sie entwickeln eine eigene kulturelle Identität, unabhängig vom Pass. Sie bauen sich dort eine Existenz auf, wo sie Chancen erkennen. Voraussetzung ist allerdings, dass man die Sprache des jeweiligen Nachbarlandes spricht oder zumindest versteht. Bildungseinrichtungen haben hier noch viel Arbeit vor sich.

Ich lade Sie ein, die Perspektive zu wechseln und von den Grenzflüssen Oder und Neiße auf den deutsch-polnischen Grenzraum zu blicken und die vielfältigen Facetten dieses Kulturraums zu entdecken. Dieser Grenzraum ist gleichzeitig ein Türöffner in unser Nachbarland Polen. Möge dieses Buch nicht nur informieren, sondern auch inspirieren, mit offenen Augen und neugierigem Blick Richtung Osten, Richtung Polen und vielleicht sogar nach Polen hinein zu blicken. Es gibt unglaublich viel zu entdecken.

Reiffer

Highlights Herbst 2026

Ralf Sotscheck

Irland zwischen Regen und Realität

Gesellschaft, Kultur und Alltag

November 2026, Klappenbroschur
12,5 x 20 cm, ca. 240 Seiten
ISBN 978-3-910335-31-8
18,00 EUR

Irland ist ein rätselhaftes Land. In der Hauptstadt treiben Geisterbusse, Gabunvipern und Puffottern ihr Unwesen, und auf dem Land begegnet man bisweilen Hexenhasen.

Ralf Sotscheck bringt Licht in diese Absurditäten und gibt Antworten auf Fragen, die man sich bisher nicht zu stellen wagte: wie ein Moped Inzest verhindern konnte, warum im öffentlich-rechtlichen Rundfunk mittags um 12 eine Glocke 18-mal läutet und weshalb Irland als Bananenexporteur weltweit auf Rang 50 liegt. Und wenn von Irland die Rede ist, darf natürlich das Wetter nicht fehlen.

»Wie wir alle wissen, hat Ralf Sotscheck Irland erfunden.« F. W. Bernstein

»Ralle blickt mit Kinderaugen in die Welt, und dass er auch Kinderohren hat, die alles hören, was die Erwachsenen vor ihnen verbergen wollen, merkt man erst, wenn man seine Kolumne in der taz liest.« Harry Rowohlt

Zittau

1

Persönlicher Kulturbeutel statt nationale Identität

Michaela Herlingová bezeichnet sich als Europäerin. Sie wohnt im Dreiländereck Polen-Tschechien-Deutschland. Geboren und aufgewachsen ist sie in Nordböhmen nahe der Grenze zu Polen und Deutschland. Seit bald 20 Jahren lebt sie in Zittau. Ihr Mann stammt aus Chemnitz. »Ich denke nicht in Nationalstaaten«, sagt die 39-Jährige in einem Gespräch im Dreiländereck am Neißeufer.

»Die Fragen nach deutscher und tschechischer Kultur tragen nicht viel zum Verständnis bei. Gerade in dieser Region haben sich die Grenzen immer wieder verschoben, sodass auch die Geschichte der Region grenzüberschreitend ist. In Böhmen lebten bis 1945 viele Deutsche. Die Erzdiözese Prag hatte ihren Sitz im 15. Jahrhundert in Zittau«, erklärt Michaela.

Als Schülerin der 6. Klasse war sie das erste Mal zu einem Schüleraustausch in Deutschland – nicht in der Grenzregion, sondern im thüringischen Gera. »In dieser Woche habe ich so viel Deutsch gelernt«, erinnert sie sich. Wahrscheinlich wurde hier auch ihr Interesse an der deutschen Sprache geweckt. Zumindest setzte sie bei ihren Eltern durch, dass sie das deutsche Gymnasium in Liberec besuchen durfte. Die junge Tschechin lebte unter der Woche im Internat, da der Schulweg zu weit gewesen wäre. In der 11. Klasse besuchte sie für ein Jahr das Gymnasium im fränkischen Wiesentheid. Michaela schwärmt noch heute: »Die nette Familie, das hübsche Städtchen, die Weinberge und die Weinfeste.« Nach ihrem Schulabschluss – deutsches und tschechisches Abitur – studierte sie in Zittau »Fachübersetzen« für Tschechisch, Deutsch und Englisch. »Im ersten Jahr pendelte ich noch täglich von Hrádek nad Nisou nach Zittau.« Dafür musste sie Anfang der 2000er Jahre jeden Morgen und Abend zwei Grenzen mit Kontrollen passieren – von Tschechien nach

Polen, nach Deutschland und zurück. 2004 entschied sich die junge Studentin, nach Zittau zu ziehen, um besser in das Leben an der Hochschule und in der Stadt eintauchen zu können. Noch heute lebt sie mit ihrer Familie hier – mit Begeisterung.

»Im Dreiländereck ist Europa heute Alltag.« Die Menschen besichtigen Burgen in Tschechien, fahren zum Einkaufen nach Polen, zum Schwimmen nach Deutschland, pendeln über Grenzen zum Arbeiten, und abends treffen sie sich irgendwo in der Euroregion Neiße. »Trinationale Freundschaften und Beziehungen sind hier normal, in allen Altersstufen.« Dadurch sei das Interesse am Sprachenlernen groß, ob im Kindergarten, in der Schule oder in der Erwachsenenbildung. Sie berichtet von Plänen, Erzieher und Erzieherinnen aus den jeweiligen Nachbarländern in den Kindertagesstätten als Muttersprachler einzustellen. »Eine tolle Idee, aber bisher scheitert es oft, da die Berufsabschlüsse nicht anerkannt werden.«

Michaela hat viele Jahre freiberuflich in verschiedenen Projekten im Bereich Soziokultur, Interkulturalität und Diversität gearbeitet. Begegnungen von Menschen aus verschiedenen Ländern mit verschiedenen

Sprachen standen dabei im Mittelpunkt. »Wir haben sie unterstützt, einander mit Offenheit zu begegnen, persönliche Grenzen zu überschreiten und gemeinsam etwas Neues zu schaffen«, so die Dolmetscherin. Dieses Know-how bringt sie mittlerweile bei der Volkshochschule Dreiländereck als Verantwortliche für den Bereich Sprachen ein.

Michaela ist überzeugt, dass eine lebendige Grenzregion überregionale Strahlkraft entfalten und positive Impulse für ein funktionierendes Europa setzen kann. »Wer die Begegnungen, das Leben und Arbeiten ohne Grenzen hier im Dreiländereck erlebt und erfahren hat, trägt das auch in andere Regionen.« Sie bezeichnet die vielen interkulturellen Projekte und die grenzenlose Kulturszene als ein Aushängeschild der Region. »Und diese Region braucht dringend Menschen, die nach vorne schauen, die Lust haben, etwas zu bewegen und bereit sind, Veränderungen zu gestalten.«

Für Michaela ist ihr eigener »persönlicher Kulturbeutel« viel wichtiger als nationale Identität und Kultur. »Umso offener man durch die Welt geht, umso offener man Menschen begegnet, umso mehr füllt sich mein Kulturbeutel.« Dieser persönliche Erfahrungs- und Erinnerungsschatz lässt sich jederzeit teilen und ergänzen. »Wenn wir allerdings nur nach Unterschieden zwischen Menschen und Kulturen schauen, kommen wir nicht zusammen – nicht hier im Dreiländereck und nicht in Europa.«

Die Kohle und die Menschen im Dreiländereck

Bogatynia – eine Kleinstadt in Polen, knapp 22.000 Einwohner, durchschnittlich, nicht besonders hübsch. Durchs Zentrum führt eine Hauptstraße mit Autoverkehr, geschäftigem Treiben, Fußgängern, Läden, einigen für Polen typischen Verkaufsständen für Obst und Gemüse, Cafés, Restaurants, einem Kulturzentrum, einer Bibliothek. In einer kleinen ruhigen Parallelstraße stehen noch einige Umgebindehäuser, typische Häuser im Dreiländereck aus dem 17. Jahrhundert. Einige sind vorbildlich renoviert, andere warten noch darauf. Die Straße mit Kopfsteinpflaster ist neu gemacht, ein kleiner Platz mit Bäumen und Bänken lädt zum Verweilen ein. Sehr gegensätzlich.

Die Stadt liegt in einer Art Wurmfortsatz im äußersten Südwesten Polens, eingeklemmt zwischen Deutschland und Tschechien. Fast der gesamte Zipfel ist ein riesiger Krater, den der Braunkohleabbau in die Erde gefressen hat. Direkt am Rand des gigantischen Tagebaus Turów auf einer Anhöhe liegt das Kohlekraftwerk, das von dem polnischen Unternehmen PGE betrieben wird. Die großen Kühltürme und Schornsteine mit dem aufsteigenden Dampf und Rauch sind schon von Weitem zu sehen. Nur aus der Nähe ist zu erkennen, dass ein Kühlturm bemalt ist – mit Sonne und Himmel. Das Kraftwerk deckt nach Angaben des Betreibers derzeit durchschnittlich sieben bis acht Prozent des polnischen Energiebedarfs und soll noch bis 2044 betrieben werden.

Das Kraftwerk sorgt immer wieder für Schlagzeilen. Es gibt Klagen gegen dieses Kraftwerk aus Deutschland, aus Tschechien, von der EU und von Greenpeace. Der Europäische Gerichtshof verhängte Strafzahlungen gegen Polen, da es den Kohleabbau ohne die geforderten Umweltverträglichkeitsprüfungen fortführt. Es liegt ein Urteil vom Verwaltungsgericht in Warschau vor, die Genehmigung für den Kohleabbau nach 2026 auszusetzen, bis die Umweltverträglichkeitsprüfungen ordnungsgemäß abgeschlossen sind. Gutachten belegen, dass der Grundwasserspiegel in Zittau und rund um Hrádek nad Nisou in Tschechien durch den Tagebau absinkt. Zittau sorgt sich aufgrund der Bodenabsenkungen um die Stabilität seiner Häuser. In Tschechien klagen Bürger über zunehmende Trockenheit und sorgen sich um die Trinkwasserversorgung. Das Oberste Verwaltungsgericht hat die frühere Entscheidung nun wieder aufgehoben. Der Klagemarathon geht weiter.

Die Regierung in Polen hält an der Kohle fest – in Turów bis 2044. »Viel zu spät«, sagt Agnieszka Spirydowicz, Präsidentin der polnischen NGO »Zklaster«. Sie engagiert sich für die Energiewende und die Transformation der Wirtschaft auf Grundlage von grünem Wasserstoff unter Nutzung von Windenergie und Photovoltaik in der Bogatynia-Region. »Der Ausstieg aus der Kohle bietet so viele Perspektiven, und alle können

davon profitieren.« Zklaster hat bereits in große Photovoltaik-Anlagen nördlich von Bogatynia investiert. Windkraftanlagen sind in Planung.

Für die freie Journalistin und Betreiberin eines privaten regionalen TV-Kanals, Magdalena Kościańska, steht die Frage, wie es mit Bogatynia weitergeht, immer wieder im Mittelpunkt ihrer Arbeit. »Die Zukunft spielt weder in der Politik der Stadt noch bei den Menschen eine große Rolle«, so die Erfahrung von Kościańska. Die Stadt hält an der Kohle fest, da ein Großteil ihrer Einnahmen von dem Kraftwerks- und Tagebaubetreiber stammt. »Es gibt immer noch viele Menschen in der Region, die an die Kohle glauben, da sie damit groß geworden sind.« Kościańska hat wenig Verständnis, dass keine öffentliche Diskussion über die Energiewende und die Zeit nach der Kohle stattfindet. Bis 2044, also bis zum derzeit festgelegten Ausstiegsdatum, sind es noch 21 Jahre. »Nicht viel Zeit für eine Transformation. Wir hätten schon vor Jahren starten müssen. Aber wir haben bis jetzt noch nicht einmal angefangen. Langsam beginnen wir darüber zu reden.« Das Argument der Arbeitsplätze zählt für Kościańska nicht. »Der größte Arbeitgeber für die Menschen in Bogatynia und Umgebung ist schon lange nicht mehr der Tagebau und das Kraftwerk, sondern Unternehmen in Tschechien und Deutschland.« Junge Leute wollen gar nicht mehr im Kraftwerk arbeiten, so die Beobachtung der Journalistin. Zum einen fehle die Perspektive, und zum anderen könne man in Fabriken in Deutschland oder Tschechien mehr verdienen und die Arbeit sei leichter. Dementsprechend liege das Durchschnittsalter der PGE-Mitarbeitenden mit etwa 50 Jahren sehr hoch. »Für diese Menschen wäre ein früherer Kohleausstieg kein Problem, da sie in den nächsten Jahren sowieso in Rente gehen.«

Kościańska fordert vom Stadtparlament Bogatynia, nicht nur an die Kohle, sondern an die Zukunft der Stadt, der Region und der Menschen, die hier leben, zu denken. Gemeinsam mit den Einwohner*innen wünscht sie sich vom aktuellen Bürgermeister, eine Vision für Bogatynia zu entwickeln und den Menschen Hoffnung zu geben, dass es in Bogatynia auch

eine Zukunft nach der Kohle geben kann. »Aber es findet nicht statt.« Sie holt aus: Der derzeitige Bürgermeister gehöre der rechtskonservativen polnischen Regierungspartei PiS (Prawo i Sprawiedliwość, dt.: Recht und Gerechtigkeit) an. Er könne sich der Unterstützung aus Warschau sicher sein. Der stellvertretende polnische Regierungschef Jaroslaw Kaczyński wird mit Blick auf die Energiepolitik seines Landes und den jahrelangen Streit um Turów mit der EU und angrenzenden Staaten folgendermaßen zitiert: »Niemand wird uns lehren, niemand wird uns vorschreiben. Polen muss souverän und frei bleiben.« Kościańska glaubt allerdings nicht, dass in Turów bis 2044 Kohle abgebaut wird. »Die fossilen Energieträger werden viel zu teuer werden, sodass es sich schon früher nicht mehr rechnen wird.«

Zittau und Bogatynia sind seit 1972 Partnerstädte. Viele Menschen in der Region genießen es, im Dreiländereck zu leben, zu arbeiten und sich grenzenlos zu bewegen. Fährt man allerdings die etwa 15 Kilometer auf der teilweise schlecht ausgebauten Straße von Bogatynia nach Zittau, hat man das Gefühl, nicht nach Deutschland, sondern ans Ende der Welt zu fahren. Es gibt trotz des Verkehrs keinen Rad- oder Fußweg oder Seitenstreifen. Ein Ausflug zum Eisessen am Wochenende mit dem Fahrrad von Bogatynia nach Zittau oder umgekehrt? Kein Vergnügen. In Zittau sind bis zur Landesgrenze auf beiden Straßenseiten breite Fahrspuren für Fahrradwege markiert. Diese enden abrupt an der Neiße-Brücke. Nicht gerade eine Einladung, weiter nach Polen zu fahren. Oft wird beklagt, der Tagebau sei

Anna Wilczyńska, Ortsbürgermeisterin von Opolno Zdrój und Mitarbeiterin bei PGE.

wie eine Grenze oder Mauer zwischen den Ländern. Aber es scheint von polnischer Seite wenig Bemühungen zu geben, diese Grenze abzubauen.

Anna Wilczyńska ist seit 2017 Ortsbürgermeisterin in dem 800-Seelenort Opolno Zdrój zwischen Zittau und Bogatynia. Die 53-Jährige protestiert nicht gegen den Kohleabbau oder das Kraftwerk. PGE ist ihr Arbeitgeber, sie ist loyal. Aber die Vermesserin kämpft gegen die Hoffnungslosigkeit in ihrem Ort. »Nein, ich bin keine Kämpferin«, widerspricht sie. »Ich engagiere mich nur für Opolno Zdrój (Bad Oppelsdorf). Der Ort hat eine so eine außergewöhnliche Geschichte und eine besondere Architektur. Diese möchte ich bekanntmachen und den Menschen, die hier leben, die Augen für die Schönheit dieses Ortes öffnen.« Anna hat anhand von Unterlagen aus dem Stadtarchiv in Zittau viel geforscht, um die Geschichte des historischen Kurortes mit Heilquellen wieder lebendig werden zu lassen. Heute stehen im ganzen Ort Tafeln mit alten Fotos und Texten zu seiner Geschichte.

Diese begann 1836, als im Zuge des Kohleabbaus in einem kleinen lokalen Tagebau Heilquellen entdeckt wurden. Da der Tagebau unrentabel war, beendete der damalige Besitzer den Kohleabbau und eröffnete stattdessen eine Kureinrichtung, zunächst für Bergleute aus der Region. Doch der Ort mit seinen gesundheitsfördernden Quellen wurde überregional bekannt, sodass immer mehr Menschen mit Rheuma, Arthritis, Nerven- und Hautkrankheiten aus Sachsen und Böhmen kamen. Hotels, Bade- und Kureinrichtungen wurden gebaut. Aufgrund der Erweiterungen der Tagebaugrube ab 1957 verschwanden die Heilquellen. Geblieben ist bis heute die Bäderarchitektur mit einigen herrschaftlichen Villen, von Bäumen gesäumte Straßenzüge, Grünanlagen und die Erinnerung an die glanzvolle Geschichte.

Wenige hundert Meter hinter dem Dorf beginnt der Kohleabbau. Der Weg dorthin ist idyllisch. Fast. In weiter Ferne, am anderen Ende des gigantischen Lochs, thront das Kraftwerk am Horizont. Die Menschen sehen das Loch nicht, eine Schranke und ein aufgeschütteter Erdhügel versperren Weg und Sicht. Richtung Tschechien und Deutschland erhebt sich einladend das Zittauer Gebirge. Ein Teil von Opolno Zdrój musste dem Tagebau bereits weichen. Ob der Rest bleiben kann, wissen die Menschen vor Ort nicht.

Was macht dieses gigantische Loch vor der Haustür mit den Menschen? Was macht die permanente Angst, dass der Kohlebagger weitere Häuser schlucken könnte, mit den Menschen? Eine Studie der Uni-

klinik RWTH Aachen hat mögliche Antworten auf derartige Fragen. Ein Forscherteam rund um Dr. Andrea Kaifie-Pechmann untersuchte am Beispiel einiger Dörfer im rheinischen Revier die Auswirkungen von Umweltzerstörung und Heimatverlust auf die psychische Gesundheit. Kaifie-Pechmann fasst ein Ergebnis der Studie zusammen: »Menschen, die in von Umsiedlung bedrohten Dörfern leben, leiden überdurchschnittlich häufig an einem schlechten psychischen Gesundheitszustand. Auch Menschen in Dörfern in der Nähe des Tagebaus, die nicht abgebaggert werden, leiden häufiger an psychischen Störungen als die Durchschnittsbevölkerung. Auch wenn aufgrund des Studiendesigns die Ursache nicht eindeutig zuordenbar ist, so ist die Häufigkeit der psychischen Störungen sehr auffällig.«

Anna aus Opolno Zdrój, am Rande des Tagesbaus, möchte der Perspektivlosigkeit etwas entgegensetzen. Als Ortsbürgermeisterin kümmert sie sich um den Ort, versucht alles in Ordnung zu halten, sorgt für gepflegte Straßen und Grünanlagen. Die Infotafeln mit Texten in drei Sprachen und Fotos laden zum Dorfspaziergang ein. Aber ihr Engagement geht noch weiter: Sie bringt Kultur in den Ort und veranstaltet Workshops für Kinder. Sie möchte Hoffnung verbreiten, indem sie die Schönheit und die Geschichte des Ortes zum Vorschein bringt. Sie organisiert Dorffeste und Kulturveranstaltungen. Seit einigen Jahren gibt es das Fest »Zeitmaschine«, bei dem Opolno Zdrój in die 1930er Jahre zurückversetzt wird. Klei-

dung, Musik, Tanz, Spiele – alles soll an die Vorkriegszeit und die Blüte des Kurortes »Bad Oppelsdorf« erinnern.

Anna wünscht sich mehr Unterstützung von den Menschen im Ort, in Bogatynia und auch in Zittau. Sie fühlt sich alleingelassen mit ihren Visionen. Und die sind groß: Sie plant ein »cultural lab« für Frauen und Kinder aus der Region, aus Deutschland, Polen und Tschechien. »Meine Ideen sind sehr konkret. Aber ich brauche Unterstützung und Menschen, die mich mit Interessierten vernetzen und die mir zeigen, wie wir es dauerhaft umsetzen können.«

Kinder während eines Workshops in Opolno Zdrój.

Seit drei Jahren probt sie dieses Kulturlabor im Kleinen. Regelmäßig kommen Künstler und Künstlerinnen aus ganz Polen und bieten am Wochenende oder während der Ferien Workshops für Kinder aus dem Dorf an. Alles ehrenamtlich und unentgeltlich. Es geht darum, dass die Kinder sich über ihre Heimat und ihre Zukunft Gedanken machen.

Anna freut sich über die Unterstützung aus ganz Polen für ihre Ideen. Gleichzeitig wirkt sie entmutigt und deprimiert. »Die Menschen interessiert es nicht, was ich hier mache. Sie halten mich manchmal für verrückt. Dabei möchte ich doch nur, dass wir hier nicht als das Ende der Welt gesehen werden, sondern als Fenster nach Europa.« Fast resigniert stellt sie die entscheidende Frage: »Warum sollen sich Menschen für den historischen Kurort interessieren, wenn es das Dorf in ein paar Jahren nicht mehr gibt?«

Sorgen über den Tagebau machen sich auch die Menschen in der deutschen Kreisstadt Zittau mit Marktplatz und hübsch renovierten Häusern, zehn Kilometer westlich von Opolno Zdrój. Im Rathaus sitzt mir Kai Grebasch gegenüber, Pressesprecher der Stadt. Der Oberbürgermeister selbst hat so kurzfristig keine Zeit. Die Stadt Zittau hat mittlerweile zwei Klagen gegen das Bergbauunternehmen und den Kraftwerksbetreiber eingereicht. Grebasch stellt klar, dass es bei den Klagen nicht darum gehe, Polen vorzuschreiben, wie das Land seine Energie gewinnt oder wie die Menschen ihr Geld verdienen sollen. »Es steht nirgends in der Klage, dass der Kohleabbau gestoppt werden soll. Aber wir leben in unmittelbarer Nachbarschaft, und da müssen wir uns an Regeln halten.« Und die würden von PGE mit Unterstützung der polnischen Regierung missachtet. Ein polnisches Gericht hat bereits bestätigt, dass die Umweltverträglichkeitsprüfungen für die Verlängerung des Tagebaus bis 2044 fehlerhaft durchgeführt wurden. »Ziel der Klage ist es, dass die Umweltverträglichkeitsprüfungen ordnungsgemäß durchgeführt und unsere Bedenken in Zittau berücksichtigt werden.« Dazu gehöre es auch, sich mit den Rissen, die seit einigen Jahren in Häusern in Zittaus Altstadt auftreten, zu beschäftigen. Ob diese durch den Tagebau verur-

sacht werden, ließe sich schwer nachweisen, aber Grebasch erwartet, dass eine Prüfungskommission auch diese Frage untersucht.

Er bedauert es, dass aus Berlin und Dresden keine Unterstützung bei diesem Streit um den Tagebau Turów kommt, und nimmt an, dass man keine weiteren Konflikte mit dem Nachbarland möchte. »Angesichts der weltweiten Krisen ist der Zusammenhalt in Europa wichtig«, zeigt der Pressesprecher Verständnis. Aber für Zittau hat diese Situation Konsequenzen: Investoren müssen zum Beispiel bei Hallenneubauten Vorkehrungen für eventuelle Erdbewegungen, die durch den Tagebau erwartet werden, treffen. »Das schreckt Investoren ab.«

Kai Grebasch, Presseprecher der Stadt Zittau.

Auch aus tschechischer Sicht ist der Konflikt um den Tagebau im Dreiländereck noch lange nicht beendet. Petra Kalenská ist als Anwältin der Kanzlei Frank Bold mit Sitz im tschechischen Brünn in den Fall Turów involviert: »Der Grundwasserspiegel in der Nähe des Tagebaus sinkt dramatisch. Experten schätzen, dass das Wasser der Uhelná-Quelle bis zum Jahr 2026 verschwinden könnte.«

Die Tschechische Republik klagte deshalb vor dem Europäischen Gerichtshof gegen PGE wegen Verletzung mehrerer EU-Richtlinien. Doch dann verständigten sich Tschechien und Polen außergerichtlich, und im Februar 2022 unterzeichneten die Regierungsvertreter ein bilaterales Abkommen. Die Länder einigten sich, dass Polen 45 Millionen Euro Entschädigung an Tschechien für die durch den Kohleabbau verursachten Schäden zahlt. PGE kündigte an, eine unterirdische Barriere im Tagebau zu errichten, damit das Grundwasser nicht weiter aus dem tschechischen Grenzgebiet abgezogen wird. Für Kalenská ist der Fall damit aber nicht vom Tisch. »Erst haben wir den tschechischen Staat in dem Gerichtsverfahren unterstützt, jetzt unterstützen wir Menschen vor Ort, die gegen den Betreiber des Tagebaus vorgehen.« Sie geht davon aus, dass das Geld wahrscheinlich nicht reichen wird, um eine Infrastruktur aufzubauen, sodass alle Haushalte, die rund um Hrádek nad Nisou von der Wasserknappheit betroffen sind, mit Trinkwasser versorgt werden können. »Der Grundwasserspiegel sinkt weiter und ist laut Angaben des Tschechischen Geologischen Dienstes auf einem historischen Tiefstand.«

Pressesprecher Grebasch gibt zu, dass die Situation rund um den Kohleabbau in Turów die deutsch-polnische Zusammenarbeit im Dreiländereck nicht erleichtert. »Aber Bogatynia und Zittau arbeiten als Partnerstädte an den gemeinsamen Projekten weiter.« Ein Zukunftsprojekt mit Beteiligung der Bürger im Dreiländereck ist gerade im Aufbau. Bearbeitet werden soll die Frage, wie es in Bogatynia nach der Kohle weitergehen könnte. »Europa muss an den Nahtstellen funktionieren, sonst funktioniert Europa nicht«, ist sich Grebasch sicher. Gleichzeitig hat er wenig Hoffnung, dass sich der Konflikt entschärft. »Ich halte es nicht für ausgeschlossen, dass man nach einem Kohleausstieg den polnischen Zipfel mit dem Monsterloch vom übrigen Polen abtrennt, sodass man sich um eine Nachnutzung oder Rekultivierung des Tagebaus nicht mehr kümmern muss«, kommentiert Grebasch zynisch. In Polen würde das vermutlich kaum jemand stören. Für Zittau, das Dreiländereck und vor allem für Anna und Opolno Zdrój wäre es eine Katastrophe. Die Geschichte des Kurortes gäbe es dann nur noch in den Archiven und vielleicht in manchen Erinnerungen. Das Lebenswerk und die Visionen von Anna wären zerstört, das Fenster von Bogatynia und Opolno Zdrój nach Europa für immer geschlossen.

Das Absurde herausarbeiten

Piotr Jasiński arbeitet gerade an einem Dokumentarfilm über den Tagebau Turów bei Bogatynia im äußersten Südwesten Polens. Der polnische Regisseur möchte in seinem Film Menschen aus dem Dreiländereck Polen/Tschechien/Deutschland in den Mittelpunkt stellen. »In den Berichten über die Konflikte um den Tagebau spielen die Menschen in der Region kaum eine Rolle«, erklärt Piotr seine Motivation. »Das will ich mit meinem Blick ändern. Ich möchte das Absurde in dem Konflikt darstellen.« Der Regisseur fand Protagonist*innen aus Tschechien, Deutschland und Polen, die er in ihrem täglichen Kampf rund um die Kohlegrube begleitet und beobachtet. Anna Wilczyńska aus Opolno Zdrój ist eine von ihnen. Während der Filmaufnahmen in Opolno Zdrój fragt ein Anwohner, was es hier zu filmen gäbe. Die Antwort des Regisseurs: »Die Schönheit.« Der Anwohner: »In diesem Kaff gibt es keine Schönheit.«

Und in dieser absurden Welt zwischen Kohle und Bäderarchitektur, zwischen Schönheit und Perspektivlosigkeit, zwischen Transformation und Tradition bewegt sich beispielsweise Anna. »Sie bringt Menschen aus ganz Polen hier an den Rand des Tagesbaus. Und vor Ort ist sie mit ihren Visionen, allein und die Leute denken, sie sei verrückt.« Piotr beobachtet die vielen komplizierten Situationen und Konflikte zwischen Menschen, die durch den Tagebau entstehen. Ein Fokus liegt auch auf den Kindern in dem kleinen Dorf. »Durch Annas Engagement für die Kinder kann ich diese beobachten und versuchen, deren Zukunftsträume zu verstehen.«

Piotr weiß, dass Transformation ein schwieriges Thema ist. »Aber trotzdem muss es angegangen werden – auch hier in Polen.« Er hofft, dass er mit seinem Dokumentarfilm *How to bury a hole?* auch in der Region rund um Bogatynia etwas anstoßen kann. »Mein Traum wäre es, wenn am Ende meines Films die Schlüsselfiguren aus allen drei Ländern

Filmaufnahmen während des Interviews mit Anna Wilczyńska in Opolno Zdrój.

an einem Tisch sitzen würden. Ich wünsche mir, dass sie Hoffnung schöpfen können, dass es in der Region auch eine Zukunft ohne Kohle geben kann.«

Regisseur Piotr Jasiński (rechts) mit Kameramann, Tontechniker und Anna Wilczyńska während der Dreharbeiten.

Drei Länder – ein Film

Zwölf Jugendliche aus Polen, Tschechien und Deutschland arbeiten konzentriert an ihrem Film *Always Connected*. In wenigen Stunden ist Premiere, und der Streifen wird im Rahmen des Neiße-Filmfestivals auf der großen Leinwand erstmals der Öffentlichkeit präsentiert. Die Nervosität steigt, die letzten Arbeiten am Film müssen noch erledigt werden.

Die Jugendlichen zwischen 13 und 19 Jahren sind Teilnehmende eines Filmworkshops im Begegnungszentrum Großhennersdorf im Südosten Sachsens. Angeboten und organisiert wird der Workshop von »Lanterna Futuri«, ein Projekt des Vereins Hillersche Villa. Es geht darum, Menschen im Dreiländereck Deutschland, Polen und Tschechien zusammenzubringen und die sozialen und interkulturellen Kompetenzen zu stärken.

Der 19-jährige Tyron aus Deutschland schwärmt: »Dieser Ort hat meine Persönlichkeit geprägt. Es ist fast ein utopischer Ort, denn hier wird jeder gesehen, gehört und ernst genommen.« Seit vier Jahren kommt Tyron regelmäßig in den renovierten Dreiseithof. Fotografie, Grafikdesign, Aktionskunst, Musik und Theater – alles hat er schon in trinationalen Workshops ausprobiert, seinen Horizont erweitert und Freundschaften über Grenzen hinweg geschlossen.

Joanna (17) und Franek (16) kommen aus dem polnischen Bogatynia. Erfahrungen im Bereich Film hatten beide vorher nicht. »Ich nutze hier die Gelegenheit, etwas Neues zu lernen«, so Joanna. »Aber das Wichtige ist, dass wir uns zwischen den drei Ländern verbinden.« Joanna hat während des Workshops die Rolle der Regisseurin übertragen bekommen. »Es war viel Arbeit, manchmal auch stressig, aber wir hatten unglaublich viel Spaß miteinander.« Franek durfte die Kamera führen. Er schwärmt von der hervorragenden Betreuung durch einen professionellen Kameramann. »Ich habe so viel gelernt.«

Eliška (14) und Hoang Anh (17) leben in Tschechien in Varnsdorf und Rumburk. Auch sie kennen das Begegnungszentrum Großhennersdorf und »Lanterna futuri« schon von anderen Angeboten. »Es ist eine Art Therapie hier«, versucht Eliška das Besondere dieses Ortes zu beschreiben. »In der Schule unterstützt keiner deine Talente, aber hier kannst du dich ausprobieren und deine Talente entdecken«, ergänzt Hoang Anh, die als Schauspielerin eine der Hauptrollen im Film hatte. »Eigentlich dachte ich, ich könnte nicht vor einer Kamera stehen, aber jetzt weiß ich, ich kann es.«

Frank Rischer ist Gründer und Projektleiter von »Lanterna Futuri«. Damit ermöglichte er seit 2004 Tausenden von Schülern und Schülerinnen über Schulkooperationen, Workshops und Veranstaltungen Begegnungen mit Gleichaltrigen über Landesgrenzen hinweg. Entstanden sind dadurch viele Songs, Kurzfilme, Ausstellungen, Theaterproduktionen,

Kunsthappenings, Zeitschriften, Hörfeatures und vieles mehr, die in der gesamten Grenzregion Beachtung fanden und ein großes Publikum erreichten. »Entscheidend bei allen Projekten ist, dass die jungen Menschen selbst künstlerisch aktiv werden und ihre Ideen umsetzen«, erklärt Rischer das pädagogische Konzept. »Und das interkulturelle Lernen in der Begegnung der Menschen steht immer im Vordergrund.«

Das gleiche gilt auch für den diesjährigen Filmworkshop. Vorgegeben war das Rahmenthema »Together – Miteinander Leben«. Alles andere hat die Gruppe entschieden. Herausgekommen ist der etwa 20-minütige Streifen *Always Connected* mit einer teils rührenden, teils witzigen Story rund um den verwitweten Hans und die betrügerische Dr. Piotra.

Die Verständigung unter den Jugendlichen scheint zu klappen. Meist wird Englisch gesprochen, und Sprachmittler können in schwierigen Situationen weiterhelfen. In Polen und Tschechien ist es üblich, dass Jugendliche Deutsch in der Schule lernen. Tyron bedauert, dass er in der Schule weder Polnisch noch Tschechisch gelernt hat. Aber das polnische »Smacznego« zu Beginn einer Mahlzeit gehört zum festen Wortschatz der Gruppe. Die Diskussion, ob Kartoffelpuffer besser süß oder salzig schmecken, ist noch nicht beendet, aber jetzt müssen erst einmal die Vorbereitungen für die Premiere getroffen werden. Familien und Freunde aus allen drei Ländern werden kommen, um das Werk der Jugendlichen zu feiern.

»Ich verstärke das Dreiländereck musikalisch«

Grzegorz Dusza lebt das Dreiländereck – beruflich, privat und als Musiker. Er genießt es, sich frei zwischen Polen, Tschechien und Deutschland zu bewegen. Die Wahlheimat des polnischen Englischlehrers ist Großhennersdorf in Deutschland – ein Dorf mit etwa 1.500 Einwohnern, zehn Kilometer nördlich von Zittau. »Schon als Schüler habe ich dieses Dorf durch regelmäßige Schüleraustausche in das benachbarte Herrnhut kennen- und schätzen gelernt«, erinnert sich der 37-Jährige. Aufgewachsen ist er in Bogatynia, einer Bergbaustadt im Süden Polens, eingezwängt zwischen den Grenzen zu Tschechien und Deutschland. Rückblickend beschreibt Grzegorz seine Heimatstadt nicht nur als geografisch eingeengt, sondern auch vom Denken her begrenzt. »Für die meisten Menschen gab es nur Norden als Bewegungsrichtung, denn im Westen liegt Deutschland, im Osten und im Süden Tschechien – und das auch noch Jahre nach der politischen Wende.«

Grzegorz dagegen nahm als Jugendlicher an verschiedenen Workshops und Aktivitäten des Projekts »Lanterna Futuri« in Großhennersdorf teil. Seit bald 20 Jahren entwickelt der »Leuchtturm der Zukunft« inter- und transkulturelle Lernangebote für Jugendliche in der Grenzregion. »Da lernte ich das Dorf lieben.« Er schätzte das offene Denken über Grenzen hinweg. Nach der Wende seien viele Menschen in den Ort zugezogen, da eine große diakonische Einrichtung Arbeitsplätze bot und soziale Projekte für die Region anstieß. »Es entstand eine aktive Kulturszene mit einer besonderen Stimmung.« Überregional bekannt ist das Programmkino, das der Verein Kunstbauerkino ins Leben rief. Seit 20 Jahren ist der Verein Veranstalter des dreisprachigen Neiße-Film-Festivals. Und genau in diesem Ort lebt er heute.

Begeistert erzählt er vom Englischunterricht während seiner Schüleraustausche in das benachbarte Herrnhut. »Es war ein offener Unterricht, in dem lebhaft diskutiert wurde und die Schüler immer zum Sprechen angeregt wurden.« Noch heute erinnert er sich an die Lektüre, die im Unterricht behandelt wurde: *Forrest Gump* von Winston Groom. Für den Jugendlichen aus Polen stand schon damals fest: Er wollte Englischlehrer werden und seinen eigenen pädagogischen Stil entwickeln, der nichts mit dem Frontalunterricht und dem Grammatikpauken seiner Schulzeit zu tun haben sollte. Studiert hat Grzegorz in Jelenia Góra (Hirschberg) und Wrocław (Breslau). Heute verwirklicht er sich als Lehrer mit eigenem Unterrichtsstil an der Freien Schule in Ebersbach. Seine Begeisterung für das Dreiländereck und interkulturelles Lernen kann er an seinem Arbeitsplatz weiter ausleben, denn die Schule direkt an der tschechischen Grenze gehört zu einem Verbund mit acht Schulen aus den drei Ländern. »Als erste Fremdsprache lernen unsere Schüler und Schülerinnen ab der 1. Klasse Polnisch oder Tschechisch. Englisch kommt dann als 2. Fremdsprache dazu. Die Schule fördert von Anfang an die Begegnung von Kindern und Jugendlichen aus den drei Ländern. Schul- und grenzüberschreitende Projekte im Bereich Umwelt- und Naturschutz gehören zum Schulkonzept.«

»Ich denke nicht mehr in Grenzen. Meine Freunde leben in Bogatynia, Rumburk oder Zittau, und da ist es egal, in welchem Land diese Städte liegen«, beschreibt Grzegorz sein Lebensgefühl. »Es funktioniert hier alles wie in einer Großstadt, nur dass Wald oder Felder zwischen den Orten sind.« Es gäbe auch grenzüberschreitenden öffentlichen Nahverkehr. »Allerdings fahren die Busse und Züge wie in vielen ländlichen Regionen viel zu selten.«

Auch in seinem Hobby – »Nein, es ist mehr als ein Hobby, es ist schon fast Besessenheit« – geht er grenzenlos im Dreiländereck auf: Unter dem Namen »Tripoint Vibez« organisiert er Events für Reggae und Dub-Musik. »Zuerst habe ich ähnliche Partys in Breslau veranstaltet, aber sie funktionieren hier fast noch besser als in der Großstadt. Ich verstärke das Dreiländereck musikalisch«, so Grzegorz, während er auf seine aufgetürmte

Soundanlage zeigt. Etwa alle zwei Monate leiht er sich einen Transporter, um das Equipment zum jeweiligen Veranstaltungsort zu fahren – immer im Wechsel Polen, Tschechien, Deutschland. Die Tripoint-Vibez-Sessions stehen nicht nur für vibrierende Bässe und karibische Rhythmen – sie bereichern das kulturelle Leben in der Oberlausitz und überbrücken Grenzen.

Modellregion für eine grenzüberschreitende Energiewende

Agnieszka Spirydowicz hat eine Vision: In zehn Jahren ist die Lausitz ein Zentrum für erneuerbare Energien in Europa. »Es ist eine Energieregion, und die soll es auch bleiben, aber eben in Zukunft nicht mehr mit Abbau und Verstromung von Kohle.« Der Weg bis dahin ist weit.

Die Präsidentin der polnischen NGO »Zklaster« engagiert sich für die Energiewende und die Transformation der Wirtschaft auf Grundlage von grünem Wasserstoff unter Nutzung von Windenergie und Photovoltaik. Zklaster hat seinen Sitz in Zgorzelec, dem polnischen Teil von Görlitz. Es ist nicht nur eine NGO, sondern gleichzeitig ein Netzwerk und Verbund von vielen Partnern aus Organisationen, Kommunen, Unternehmen, Investoren und Start-ups mit derzeit über 100 Mitgliedern. Die 25 Mitarbeitenden von Zklaster beraten und unterstützen die Mitglieder, um die Energiewende zu beschleunigen. »Polen ist das Land in der EU, das die meiste Kohle verbrennt«, betont Agnieszka die Dringlichkeit. Als Ausstiegsdatum für die Energiegewinnung durch Kohle hat die polnische Regierung für die Region rund um Bogatynia das Jahr 2044 festgelegt. »Viel zu spät«, kommentiert Agnieszka, die Zklaster 2017 mitgegründet hat. »Ich bin auch überzeugt, dass das früher passieren wird.«

»Energie ist ein profitabler Wirtschaftszweig – mit Kohle in der Vergangenheit und mit erneuerbaren Energien in der Zukunft«, erläutert Agnieszka. »Der Ausstieg aus der Kohle bietet so viele Perspektiven, und alle können davon profitieren.« Jeder könne in Photovoltaik oder neue Heizungen investieren. Es entstehen Start-ups und neue Arbeitsplätze rund um erneuerbare Energien. »Die Transformation zu einer fossilfreien Energieregion hat hier schon vor 40 Jahren begonnen«, so Agnieszka. »Arbeiteten damals etwa 20.000 Menschen im Kohlesektor, so sind es heute noch 3.500.«

»Erneuerbare Energie und Wasserstofftechnologie werden nicht viel billiger werden«, sagt die 40-Jährige. »Aber fossile Energien werden teurer. Das sehen die Menschen jetzt schon bei ihren Strom- und Heizkostenabrechnungen. Wir erklären ihnen, dass wir eine Energiewende brauchen.« Damit Polen die von der EU vorgegebenen Klimaziele erreicht, will das Land auf Atomenergie setzen. Für Agnieszka ist es zu spät, jetzt mit dieser Technologie in Polen zu beginnen. »Es ist viel zu teuer und es dauert viel zu lange, bis Atomkraftwerke ans Netz gehen können. Mit den erneuerbaren Energien können wir auch ohne Atomkraft klimaneutral werden.«

Mit ökologischen Argumenten erreiche man die Menschen in Polen schwer. Agnieszka formuliert es überspitzt: »Viele Menschen in Polen sehen die Klimaerwärmung eher positiv, denn dadurch könne man ja Heizkosten sparen.« Überflutungen dagegen seien weit weg und beträfen die Menschen nicht direkt. Auch dass der Grundwasserspiegel durch den Kohleabbau im Umkreis des Tagebaulochs dramatisch sinkt, interessiere kaum jemanden. »Polen sind sehr egozentrisch«, so die engagierte Frau über ihre Landsleute. Deshalb müsse man ihnen ihre persönlichen Vorteile, die sie durch die Umstellung auf erneuerbare Energien erhalten würden, bewusst machen.

Dabei gehe es nicht nur um Klimaneutralität und Umweltschutz, sondern vor allem um positive Einflüsse auf die Region. Sie berichtet von einer jahrzehntelangen dramatischen Abwanderung aus dem Powiat Zgorzelecki (Kreis Zgorzelec). Aber rund um erneuerbare Energien können viele neue Arbeitsplätze geschaffen werden. Als Beispiel nennt sie Elektromobilität und die Erzeugung von grünem Wasserstoff. »Ich habe mitt-

lerweile zehn Mitarbeitende aus Wrocław. Noch pendeln sie, da sie nicht in diese Region ziehen, aber Teil dieses einzigartigen Projekts sein wollen. Aber das wird sich ändern«, ist sie überzeugt. Auch sie selbst stammt aus Wrocław und ist lange gependelt bzw. hat auch von zu Hause aus gearbeitet. Jetzt hat sie den Schritt gewagt, ist in die Oberlausitz in ein kleines Dorf in der Nähe von Zgorzelec gezogen und ist begeistert. »Es gibt mehrere Familien aus Wrocław oder Warschau, die in dem kleinen Ort wohnen«, freut sie sich. Gerade im Bereich erneuerbare Energien und entlang der gesamten Wasserstoff-Wertschöpfungskette entstehen viele Arbeitsplätze für hochqualifizierte Fachkräfte. »Das braucht doch diese Region.« Wenn sich Agnieszka für die Region rund um Bogatynia engagiert, denkt sie europäisch. »Ich möchte ein Modell für eine grenzüberschreitende Energiegemeinschaft in Europa schaffen, die Vorbild für andere EU-Regionen werden kann.«

Agnieszka Spirydowicz gehörte zu den drei Finalistinnen, die für den »Woman in Energy Award« nominiert waren, der auf der European Sustainable Energy Week (EUSEW) im Juni 2023 in Brüssel verliehen wurde. »Agnieszka Spirydowicz gilt als eine Expertin für die Nutzung von Solar-, Wind- und Wasserstoffenergie in einer von Kohle dominierten Region Polens. Sie ist die einzige Frau im Beirat der Nationalen Kammer der Energiecluster, kombiniert soziales und technisches Fachwissen, um den Wandel in der traditionell von Männern dominierten Energiebranche voranzutreiben«, heißt es in der Begründung.

»Wir haben den Nazis das Bier weggekauft«

Dr. Michael Schlitt redet nicht gerne über sich selbst. Er erzählt begeistert von den engagierten Menschen und der starken Zivilgesellschaft in Ostritz, eine Kleinstadt in Sachsen zwischen Zittau und Görlitz. Der 65-Jährige leitet seit 27 Jahren die Stiftung Internationales Begegnungszentrum St. Marienthal (IBZ) in den ehemaligen Wirtschaftsgebäuden der barocken Anlage des Klosters St. Marienthal, direkt an der Neiße. Ein Gebäude nach dem anderen wurde in den letzten 25 Jahren mit viel finanzieller und ideeller Unterstützung aus ganz Deutschland saniert und einer neuen Nutzung zugeführt. »Vermutlich ist der heutige Zustand sogar besser als jemals zuvor in der Geschichte des Klosters«, mutmaßt Schlitt. Sein Wirken geht aber weit über die Klosteranlage hinaus. Er setzt Impulse in der Stadt und in der Region.

Überregional bekannt wurde die Stadt durch die »Ostritzer Friedensfeste« als Antwort auf Musikfestivals von Neonazis in einem ehemaligen Hotel in der Stadt mit zum Teil mehr als tausend Besuchern. »Wir überlassen den Neonazis nicht unsere Stadt«, beschreibt er die Motivation der Bürger*innen für das erste Friedensfest 2018 auf dem großen Marktplatz. Mittlerweile gab es sieben Friedensfeste mit Teilnehmerzahlen zwischen 1.000 und 3.000. »Hier engagieren sich Bürger für ein demokratisches Miteinander und gegen Fremdenfeindlichkeit, Rassismus und Extremismus jeglicher Art«, sagt Schlitt. Das IBZ ist Veranstalter der Ostritzer Friedensfeste. Der größte Teil der Organisation wird jedoch von einem ehrenamtlichen Team geleistet und von der Stadt mit der Bürgermeisterin an der Spitze unterstützt. Schlitt berichtet von spektakulären Aktionen: »Wir haben den Neonazis das Bier weggekauft.« Um das verhängte Alkoholverbot zu umgehen, wollten die Neonazis im Supermarkt

Bier kaufen. »Doch wir waren schneller. Meine Mitarbeiter und ich haben nahezu sämtlichen Alkohol aufgekauft.« Das nächste Friedensfest ist in Planung, diesmal nicht als Antwort auf ein Neonazi-Festival, sondern am 15. September zum Tag der Demokratie. »Dank dieses Engagements sind wir jetzt nicht als die braune Stadt in Sachsen in den Schlagzeilen, sondern als die Stadt, die gegen Nazis kämpft und sich weltoffen und tolerant zeigt.«

Besonders stolz ist er, dass Ostritz durch die Mitwirkung des IBZ seit 2000 »Energieökologische Modellstadt« ist. »Als erneuerbare Energien noch für viele ein Fremdwort war, setzte man in Ostritz schon auf Wind, Sonne und Wasserkraft zur Stromgewinnung. Stadt und Kloster werden mit Wärme aus einem Biomasse-Heizkraftwerk auf Basis der nachwachsenden Rohstoffe Holz und Rapsöl versorgt. Und das in einer Region, die

bis in die 1990er Jahre von drei Braunkohlekraftwerken umgeben war und als das Schwarze Dreieck galt«, sagt Schlitt.

Umweltbildung und -aktionen sind fester Bestandteil des Wirkens des IBZ. Seit 20 Jahren treffen sich die Mitarbeitenden zur Aktion »Saubere Neiße«, um Müll aus dem Fluss zu holen. »Wir haben mittlerweile mehrere tausend Altreifen aus der Neiße geborgen und entsorgt.« Schlitt fährt fort: »Man kann sich beschweren über den Müll oder selbst anpacken.« Er stellt aber auch klar, dass man alleine gar nichts bewegen könne, sondern immer nur mit einer »starken Mannschaft«.

Neben allen Aktionen gehört das Leiten der Stiftung IBZ mit 150 Veranstaltungen pro Jahr und 50 Mitarbeitenden zu den Kernaufgaben des Vorstandsvorsitzenden. Ziel der Stiftung ist die Förderung der Begegnung von Menschen ohne Unterschied des Geschlechts, des Alters, der nationalen Herkunft und der Religion. Das IBZ hat vier große Ziele für die Zukunft ausgerufen: Stärkung der Demokratie und des gesellschaftlichen Zusammenhalts, Umweltbildung und Biodiversität, internationale Verständigung sowie Ausbau der wirtschaftlichen Bereiche des IBZ wie Wiederaufbau einer Klosterbrauerei und -bäckerei. »Wir bekommen keine institutionelle Förderung, sondern arbeiten rein projektorientiert.« Schlitt vergleicht die Arbeit mit einem mittelständischen Unternehmen, das nicht weiß, welche Aufträge demnächst reinkommen. »Wir überlegen, was es für Bedarfe gibt und entwickeln dementsprechend Projekte. Auftraggeber sind dann EU, Bund, Land und verschiedene Stiftungen.«

Schlitt geht in einem Jahr in den Ruhestand, »aber nur als Stiftungsvorsitzender, nicht als engagierter Bürger.« Ein Denkmal hat er für den Klosterhof schon organisiert: ein »Wir-Denkmal«. »Wir setzen all denjenigen ein Denkmal, die sich für den Zusammenhalt in unserer Gesellschaft und ein gutes Miteinander von Menschen unterschiedlicher Nationen, Religion, Weltanschauung und Hautfarbe einsetzen.« Das Denkmal besteht lediglich aus einem großen steinernen Sockel ohne Statue und lädt Besucher*innen ein, den Sockel zu besteigen – möglichst als Paar oder als kleine Gruppe – und sich fotografieren zu lassen, um so selbst zum Denkmal zu werden.

Sprache als Schlüssel

Gunnar Hille stammt aus Büddenstedt in Niedersachsen. Sein Interesse an Sprachen wurde in jungen Jahren durch die Städtepartnerschaft mit Mondeville in der Normandie geweckt. Heute lebt er in Görlitz und baut Brücken nach Polen – in übertragenem Sinn. Jahrzehntelang leitete er das Sprachenzentrum des Auswärtigen Amtes der Bundesrepublik Deutschland. In seinem Ruhestand gründete er KoKoPol, das Kompetenz- und Koordinationszentrum Polnisch im Internationalen Begegnungszentrum St. Marienthal. »Ohne Kenntnisse der Nachbarsprache und Nachbarkultur werden Polen und Deutschland nie zusammenwachsen.«

Hille bedauert, dass das Desinteresse in Deutschland gegenüber dem Nachbarland Polen immer noch so groß ist. »Polen ist nicht nur das Nachbarland mit der zweitgrößten Bevölkerung. Polen ist als langjähriges EU-Mitglied auch ein wichtiger Partner im Hinblick auf die Zukunft eines starken Europas«, unterstreicht er die Bedeutung des Landes. Weiter erwähnt er die wirtschaftlichen, kulturellen und historischen Verflechtungen zwischen beiden Ländern, die vielen Kooperationen zwischen deutschen und polnischen Städten, Regionen, wissenschaftlichen Einrichtungen, Schulen und Institutionen sowie die Begegnungen über das deutsch-polnische Jugendwerk. »Ein Austausch auf Augenhöhe kann aber nur gelingen, wenn wir die Sprache des Nachbarlandes verstehen und vielleicht auch sprechen«, ist Hille überzeugt. Als Initiator und Leiter von KoKoPol ist es ihm ein Anliegen, die polnische Sprache in Deutschland populärer zu machen. Für Hille dient Sprache nicht nur der Verständigung, sondern sie transportiert auch Kultur und Mentalität. Er kennt die Vorbehalte gegenüber der polnischen Sprache. »Es geht aber nicht darum, Polnisch perfekt zu sprechen. Es wäre schon gut, die Sprache des Nachbarn zu verstehen.« »Rezeptive Mehrsprachigkeit« nennt er das Ziel. Nach diesem Konzept spricht jeder in seiner eigenen Sprache, und alle Beteiligten verstehen die jeweilige

Sprache des anderen. Man sei gerade dabei, Methoden zu erarbeiten, wie man rezeptive Mehrsprachigkeit im Schulunterricht und in der Erwachsenenbildung vermitteln könnte.

Er weiß, dass Polens Image in Deutschland nicht besonders gut ist. »Polen wird selten mit etwas Strahlendem assoziiert. Wahrgenommen wird in Deutschland in erster Linie die Opferrolle Polens, wozu die polnische Regierung auch ihren Beitrag geleistet hat.« Hille schwärmt von dem heiteren, humorvollen, weltoffenen Menschen. »Dieses Polen müssen wir viel mehr darstellen.«

Während seines ganzen Berufslebens hat er versucht, Brücken zu bauen, vor allem nach Osten. Das treibt ihn auch in seinem Ruhestand an. »Hier gibt es so große Defizite in Deutschland. Wenn wir in einem starken Europa eine Zukunft haben wollen, dann müssen wir die slawischen Völker, aber auch Rumänen und Ungarn als vollwertige Partner wahrnehmen und in die Meinungsbildung einbeziehen. Dazu müssen wir uns mit den Ländern und deren Geschichte auseinandersetzen und versuchen, die Menschen sowie deren Mentalität und Kultur zu verstehen. Und dazu ist die Sprache der entscheidende Schlüssel.«

Als neue Heimat für seinen Ruhestand hat Hille Görlitz gewählt. Er lebt in der Altstadt, unweit der Brücke über die Neiße nach Zgorzelec. Auch hier baut er mit seinem Engagement Brücken zwischen Menschen, Kulturen und Ländern. Regelmäßig tritt er als Hobby-Schlagzeuger mit seiner deutsch-polnischen Band in der Europastadt Görlitz-Zgorzelec auf.

»Wir fielen ins Bodenlose«

Das Görlitz östlich der Neiße bezeichnet Wolfgang Rösler heute als »Heimat meiner Kindheit«. Damit war 1945 schlagartig Schluss – sowohl mit der Heimat als auch mit der Kindheit. »Obwohl ich aus einer einfachen Familie komme, erlebte ich als Kind so etwas wie Wohlstand. Mit meinen Eltern und meiner Schwester zog ich 1936 in einen großen Wohnblock, ein Neubau, der für damalige Verhältnisse komfortabel war.« Der 90-Jährige erinnert sich auch nach 78 Jahren an den Straßennamen: Schenkendorffstraße. Heute verläuft die Straße im polnischen Teil der Stadt Görlitz, in Zgorzelec, und heißt Warszawska. Rösler erzählt lebhaft von seiner Kindheit. Anhand von alten Stadtplänen, die er sich in der Stadtbibliothek hat kopieren lassen, zeigt er die Spielplätze, auf denen er unterwegs war. »Wir hatten so viel Platz zum Toben und Spielen.« Er erinnert sich an den Feldberggarten mit Rodelhang und Skiberg und einem Teich, der zum Schlittschuhlaufen einlud. »Der Friedrichsplatz war für uns auch sehr wichtig, denn dort gab es Zirkusvorstellungen, aber auch Aufmärsche der Nationalsozialisten.« Der Krieg berührte die Kinder im damaligen Görlitz laut Rösler wenig. »Wir bejubelten die regelmäßigen Truppentransporte Richtung Osten durch Görlitz. Die Nazipropaganda zeigte Wirkung. Später, als die Kriegsgefangenen in das Lager getrieben wurden, haben wir uns versteckt.« Er erinnert sich, dass die ausgemergelten Männer im Winter unter starker Bewachung die Straßen von Schnee freiräumen mussten.

Die Kindheit endete abrupt, als die Mutter mit ihren drei Kindern (der jüngste Bruder war erst zwei Jahre alt) vor den Kriegsangriffen floh – zunächst über die Neiße zu den Großeltern in den Westteil von Görlitz und dann gemeinsam weiter über Reichenbach und Löbau nach Seifhennersdorf zu Verwandten. »Wir durften nicht auf der Straße gehen, da diese für Militärfahrzeuge frei bleiben musste. Also zogen und schoben wir unsere Wagen über schmutzige Nebenstraßen.« Groß war die Freude, als der Vater plötzlich mit dem Fahrrad in Seifhennersdorf ankam. Er wurde in Niesky als Flieger abkommandiert und war auf dem Weg nach Böhmisch Kamnitz (liegt heute in Tschechien und heißt Česká Kamenice). »Als er ein Zimmer für uns gefunden hatte, folgten wir ihm und erlebten die letzten Kriegstage dort als Familie.« Nach Kriegsende ging die Familie wieder zurück nach Görlitz in die alte Wohnung in der Schenkendorffstraße. »Es waren wohl höchstens vier Wochen, die wir wieder in unserer Wohnung verbrachten«, erinnert sich Rösler. Dann kam die Aufforderung, die Wohnung bzw. den östlichen Teil der Stadt innerhalb von 15 Minuten zu verlassen, und die Familie floh zum zweiten Mal. Dieses Mal für immer. »Mein Vater hatte nicht einmal Zeit, sein Fahrrad vom Dachboden zu holen.« Die Familie kam in einem leerstehenden Hinterhaus in der Nähe der Großeltern unter. »Wir hatten keine Möbel, wir hatten nichts. Wir fielen ins Bodenlose.« Rösler erzählt von dem großen Elend überall. In der Stadt herrschten Hunger, Not und eine Typhusepidemie. »Man kann nicht beschreiben, was in diesen Tagen und Wochen in Görlitz los war«, fehlen ihm noch heute die Worte. »Nach drei Tagen bin ich mit meiner Mutter noch einmal zurück in die Wohnung, um ein paar Sachen zu holen.« Auf dem Rückweg trug der damals 11-jährige Wolfgang ein Deckbett, festgebunden auf dem Rücken. Während sich Mutter und Sohn in den Flüchtlingstreck aus dem Osten einreihten, riss eine Brückenwache die Bettdecke vom Rücken des Jungen und warf sie Richtung Neiße. »Sie landete neben dem Wasser, sodass sie als Beutegut zurückblieb.« Und die Familie hatte keine Bettdecke.

»Was meine Mutter durchgemacht hat, hat sie uns nie spüren lassen, aber im Nachhinein kann ich das nachempfinden. Gesprochen wurde damals kaum, es ging ja in erster Linie um das Überleben. Wir mussten funktionieren.« Rösler erzählt, dass er mit seiner Mutter oft am Neißeufer stand und beide mit Tränen in den Augen in Richtung Heimat schauten.

1948 begann er eine Ausbildung zum Feinmechaniker in Görlitz und arbeitete bis zur Schließung 1990 als Meister im gleichen Betrieb. Über

Jahrzehnte hatte er Mitarbeitende aus Polen, überwiegend Frauen, die morgens mit dem Bus zur Arbeit kamen und abends wieder zurück nach Polen fuhren. Sie wohnten jetzt in *seiner* Heimat, die er verlassen musste. »Aber diese Menschen hatten das gleiche Schicksal erlebt wie ich. Sie wurden aus ihrer Heimat rund um Lemberg vertrieben.« Rösler ist dankbar, dass er sich dank dieser Mitarbeiterinnen mit dem Schicksal der Polen verbunden fühlt. »Ich habe als Meister immer Wert darauf gelegt, dass die polnischen Arbeitskräfte genauso behandelt wurden wie die deutschen.« Er erzählt von Geschenken zu Geburtstagen und schwärmt von den großen Blumensträußen aus Polen, die es in der DDR kaum gab. Er holt Kaffeegeschirr aus dem Schrank: »Ein Geschenk von den Polen.« Eine polnische Mitarbeiterin organisierte ihm eine Einladung, damit er einmal in das Riesengebirge fahren konnte. Aber zu seinem ehemaligen Wohnhaus im heutigen Zgorzelec ging er damals nicht. Erst Jahrzehnte später, als die Grenzen schon lange offen waren, spazierte er durch die Stadt. Anhand von neuen Farbfotos und alten Stadtplänen zeigt er heute die Spuren seiner Kindheit. »Dieser Stadtteil hat nun einen städtischen Charakter bekommen und viel von den kindlichen Freiheiten zum Spielen und Toben eingebüßt.«

Rösler ist dankbar, dass er gemeinsam mit seiner Frau nach der Wende in eine Neubauwohnung mit Fahrstuhl ziehen konnte. Im letzten Jahr ist seine Frau nach über 70 Jahren Ehe gestorben. Heute kümmert sich Rösler um seine zwei Jahre ältere Schwester und erfreut sich täglich an seinem Garten. »Ich fühle mich entschädigt für alles, was ich durchgemacht habe.«

Wolfgang Rösler empfiehlt das Buch »Lebenswege ins Ungewisse«. Es ist als Begleitband zur gleichnamigen Ausstellung im Schlesischen Museum zu Görlitz 2011/2012 erschienen. Herausgegeben ist es von Martina Pietsch im Auftrag der Stiftung Schlesisches Museum zu Görlitz.

Erinnern, Gedenken, Mahnen

Von dem ehemaligen deutschen Kriegsgefangenenlager Stalag VIII A südöstlich von Zgorzelec ist nicht mehr viel zu sehen. Baumaterial war nach dem Krieg knapp, so wurden die Baracken abgetragen. Die Natur hat alles überwuchert. Aber die Texte des Audioguides und die Schautafeln mit den Biografien einzelner Menschen entlang der angelegten Wege über das Gelände des ehemaligen deutschen Stammlagers (Stalag) lassen das unendliche Leid erahnen, das Menschen hier zugefügt wurde. Die Natur hat sich ihren Platz vielleicht zurückgeholt, aber die Narben und Verletzungen der ehemaligen Kriegsgefangenen, der Angehörigen und Nachkommen werden überwuchert. Sie verschwinden nicht, sie geraten höchstens in Vergessenheit. Gegen das Vergessen sowie für das Erinnern und Gedenken arbeiten der deutsche Verein Meetingpoint Memory Messiaen und die polnische Stiftung Erinnerung, Bildung, Kultur (Fundacja Pamięć, Edukacja, Kultura) eng zusammen.

»Gemeinsames Ziel ist es, den Ort, an dem das Stammlager stand, als Gedenkstätte zu aktivieren und eine Begegnungsstätte einzurichten«, so Alexandra Grochowski, Geschäftsleiterin von Meetingpoint Memory Messiaen. »Hier begegnen sich Polen und Deutsche, überwiegend Schüler*innen, um sich gemeinsam mit der Geschichte dieses Lagers auseinanderzusetzen.« Stalag VIII A war eines von insgesamt 220 Kriegsgefangenenlagern in Deutschland. Zugehörig zum Wehrkreis VIII wurde es im August 1939 eingerichtet. Es waren ausschließlich polnische Kriegsgefangene, die das Lager ab September 1939 aufbauen mussten. Stalag VIII A spielte über Jahrzehnte in der Erinnerungskultur der ab 1945 geteilten Stadt Görlitz/Zgorzelec keine Rolle. Ein Geschichtslehrer aus Zgorzelec begann Ende der 1960er Jahre, Materialien über das Lager und seine Insassen sowie Informationen zur Geschichte des tragischen Ortes zu sammeln. »Und jetzt gemeinsam auf diese Geschichte zu schauen ist eine

große Herausforderung, denn hier arbeiten Deutsche als Nachfahren der Täter und Polen als Nachfahren der Opfer gemeinsam«, erklärt Grochowski. »Wir diskutieren im Team viel über unsere unterschiedlichen Geschichtsbilder und wie wir die Geschichte des Kriegsgefangenenlagers vermitteln. Durch diesen Prozess haben wir aber Vertrauen zueinander gewonnen.« Grundlage des Konzepts sei es, die Biografien und Schicksale der Kriegsgefangenen aus unterschiedlichen Nationen in den Mittelpunkt zu stellen. Fast alle Mitarbeitenden im Verein und in der Stiftung sind zweisprachig und in beiden Kulturen zu Hause. »Anders würde es nicht funktionieren«, so die 34-Jährige.

»Wir arbeiten in der Regel mit gemischten Gruppen aus polnischen und deutschen Jugendlichen.« Wichtig sei dabei die Unterstützung der Sprachmittler, die extra dafür ausgebildet sind, dass beide Sprachen in der Kommunikation gleichwertig nebeneinanderstehen. »Neben der Bildungsarbeit steht immer die Begegnung.« Ziel ist es, dass die Jugendlichen die Geschichte des Stalag VIII A und die Geschichte des 20. Jahrhunderts in Europa kennenlernen. »Wir schauen in den Workshops aber auch gemeinsam in die Zukunft, um aus der Geschichte zu lernen und das demokratische Bewusstsein zu fördern. Wir diskutierten mit den Jugendlichen Begriffe wie Meinungsfreiheit, Informationskrieg oder Fake

News.« Mit speziellen Methoden werde versucht, die Jugendlichen in den Austausch miteinander zu bringen.

Zur Aufgabe des Vereins gehört auch das Gedenken an das Schaffen des französischen Pianisten und Komponisten Olivier Messiaen, der von 1940 bis 1941 im Stalag VIII A inhaftiert war. Während der Gefangenschaft vollendete er sein »Quartett auf das Ende der Zeit« für Geige, Klarinette, Cello und Klavier. »Das Besondere ist nicht nur die Komposition, sondern auch, dass das Werk am 15. Juni 1941 im Lager vor etwa 400 Kriegsgefangenen uraufgeführt wurde«, erklärt Grochowski. Die Komposition sei ein Zeichen, dass Musik und Kultur bei größtem Schmerz und Elend ein Zeichen der Hoffnung sein können. Zum Gedenken aller, die im Stalag VIII A litten, bangten und hofften, lädt der Meetingpoint Memory Messiaen seit 2008 jährlich am 15. Januar zu einem Konzert ein, bei dem das Quartett von Messiaen erklingt. Mittlerweile ist dieses Konzert Bestandteil eines mehrtägigen Festivals, das Menschen aus Polen und Deutschland, aber auch aus ganz Europa an dem Ort zusammenbringt, wo die Menschenwürde missachtet und gleichzeitig Musikgeschichte geschrieben wurde.

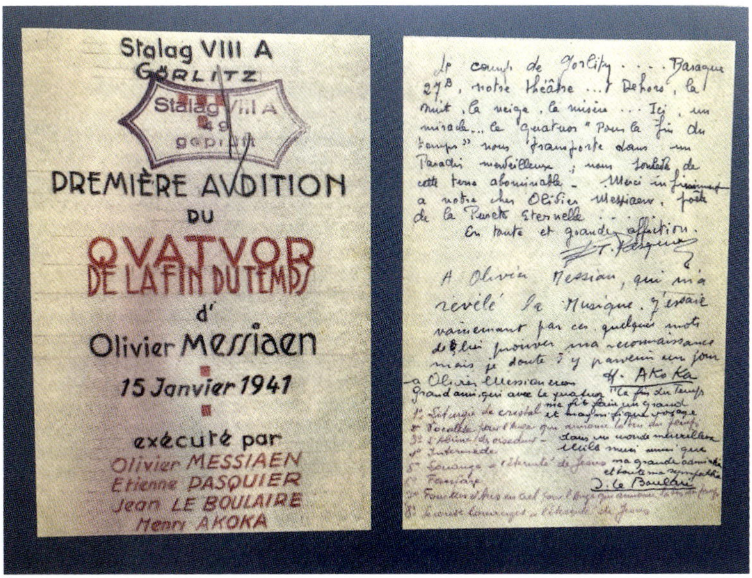

Grochowski ist in zwei Kulturen zu Hause. Als Kleinkind kam sie mit ihren Eltern als Spätaussiedlerin von Oberschlesien (Raum Katowice) nach Deutschland. Ihre Muttersprache ist Oberschlesisch, eine Mischung aus Polnisch, Deutsch und Tschechisch. »Geschichte, das deutsch-polnische Verhältnis und die Arbeit mit jungen Menschen haben mich schon immer interessiert.« In der Arbeit von Meetingpoint Memory Messiaen sieht sie einen wichtigen Baustein für die Annäherung der Menschen aus beiden Ländern. Sie nimmt wahr, dass der deutsche Blick immer noch in erster Linie nach Westen gerichtet ist. Als ein Beispiel nennt sie das Deutsch-Französische Jugendwerk, das seit 60 Jahren besteht, während das Deutsch-Polnische Jugendwerk erst 1991 gegründet wurde und mit einer viel geringeren finanziellen Ausstattung arbeiten muss. Als großen Fortschritt bezeichnet sie die Möglichkeit, dass Verein und Stiftung für das umfangreiche Bildungsangebot in Polen jetzt deutsche Fördersätze beim Deutsch-Polnischen Jugendwerk beantragen können. Der aktuelle Krieg in der Ukraine unterstreicht auf dramatische Weise die Bedeutung dieser Gedenkstätte, die gemeinsam von zwei Nationen betrieben wird.

Spitzenforschung in Sachsen

Am Untermarkt in Görlitz sitzen Wissenschaftler*innen aus aller Welt zusammen und forschen interdisziplinär an aktuellen globalen Herausforderungen. »Wir arbeiten mit Datenbanken und haben Zugriff auf die schnellsten Supercomputer der Welt, aber wir sind kein reines IT-Institut«, stellt Dr. Michael Bussmann, Gründungsbeauftragter des CASUS in Görlitz, klar. CASUS steht für Center for Advanced Systems Understanding. Das Zentrum für datenintensive Systemforschung wurde nach einer Projektphase 2022 als polnisch-deutsches Forschungszentrum in Görlitz gegründet. Gearbeitet wird an Fragen aus der Medizin und den Naturwissenschaften – von der Chemie und Physik über die Biologie bis hin zur Umweltforschung.

Görlitz als Standort ist nicht zufällig gewählt, liegt die Kleinstadt doch zwischen Dresden und Breslau. Die Universitäten beider Städte sind Partnerinnen des Wissenschaftsprojekts. Bussmann ist begeistert von dem Standort. Die astronomische Uhr am Rathausturm aus dem 16. Jahrhundert in unmittelbarer Nähe des CASUS ist für den stellvertretenden Direktor des Instituts ein Symbol, dass Görlitz auch früher schon Wissenschaftsstadt war.

Die Skepsis war zu Beginn groß, ob es gelingen würde, internationale Spitzenforscher*innen in die Europastadt Görlitz-Zgorzelec mit 86.000 Einwohner*innen an der deutsch-polnischen Grenze zu holen. »Aber es funktioniert«, freut sich der Gründungsbeauftragte. »Wir haben bereits 90 Mitarbeitende aus 25 Nationen hier am Standort Görlitz.« Mittlerweile ist es zwar etwas eng in den Räumen in der Altstadt, aber ein neues Gebäude steht in Aussicht. Die ersten Mitarbeitenden konnten schon in das extra für die internationale Wissenschaftseinrichtung renovierte Gebäude umziehen. Ziel ist es, in den nächsten Jahren auf über 120 Wissenschaftler*innen aufzustocken.

»Bei uns arbeiten Menschen über Fachgrenzen hinweg: Astrophysiker, Mathematiker, Klimaexperten, Systembiologen, Verkehrsforscher, Datenanalysten ...«, schwärmt Bussmann. Das Entscheidende sei, dass die Forscher*innen Interesse und Kenntnisse über ihr eigentliches Fachgebiet hinaus haben. Das kann zum Beispiel eine Person aus dem Bereich Medizin sein, die gleichzeitig IT-affin ist, oder Mathematiker, die sich für Biologie interessieren, oder Mediziner mit einem Faible für Datenanalyse.

Die internationale Konkurrenz um die besten Wissenschaftler*innen sei groß. »Aber wir waren die ersten, die ein solches interdisziplinäres Wissenschaftsprojekt in die Tat umsetzten. Dadurch konnten wir uns einen guten Ruf erarbeiten.« Man spürt, dass das CASUS für Bussmann ein Herzensprojekt ist: »Die Menschen kommen nicht zu uns, weil wir überdurchschnittlich hohe Löhne zahlen, sondern sie kommen, weil das wissenschaftliche Konzept überzeugt, die Forschungsbedingungen gut sind und wir dadurch attraktiv für Top-Forscher*innen sind.« Er berichtet von den drei Dingen, die am CASUS zusammenkommen: die großen Mengen wissenschaftlicher Daten, die entscheidenden Fragen sowie die entsprechend richtigen Methoden. »Die Daten allein sagen wenig aus, sie müssen miteinander in Verbindung gebracht und aus verschiedenen Blickwinkeln betrachtet werden«, erklärt der Physiker, der über das CASUS ein Covid-Projekt betreute und sich mit Krebsforschung und dem autonomem Fliegen von Drohnen beschäftigt. Das Entscheidende sei, dass sich die Forscher*innen an einem Ort versammeln und gemeinsam mit Neugier und Wissensdrang nach

Lösungen suchen – egal ob im Büro, im Garten des Instituts oder auf dem Görlitzer Marktplatz.

Bussmann spricht von einer intrinsischen Motivation der Kolleg*innen, an ihren Themen zu arbeiten. »Wir sorgen für gute Arbeitsbedingungen.« Dazu gehört auch, dass das eigene International Office rund um die Ankunft der Wissenschaftler*innen bei bürokratischen Angelegenheiten hilft. Auch bei der Suche nach Wohnung, Schule oder Kita gibt es bei Bedarf Unterstützung.

Ein weiterer Schwerpunkt des Forschungszentrums ist es, die wertvollen Daten, die weltweit erhoben werden, langfristig zur Verfügung zu stellen, sodass Wissenschaftler*innen darauf zugreifen könnten. »Die Daten nehmen rasant zu und werden immer komplexer. Sie sind ein Schatz für die Wissenschaft. Sie müssen aber gepflegt und aktualisiert werden«, so der stellvertretende Leiter des Forschungszentrums. Denn nur dann können sie von der Wissenschaft genutzt werden.

Das CASUS macht aber nicht nur Spitzenforschung, sondern wirkt auch in die Stadtgesellschaft. »Das ist uns sehr wichtig«, so Bussmann. »Die Wissenschaft profitiert, wenn sie integraler Bestandteil der Stadt ist. Und umgekehrt profitiert auch die Stadt davon.« So präsentiert sich das Forschungszentrum regelmäßig bei Stadtfesten und bei der »Langen Nacht der Wissenschaft« oder lädt zu Vorträgen zum Thema Robotik oder Quantenmaterialien ein.

Als wichtige Initiative bezeichnet der Physiker das »Jugend-hackt-Labor«. Dazu kommen jede zweite Woche Jugendliche zusammen, um mit Neugier und Kreativität Lösungen für die großen und kleinen Herausforderungen der Welt zu entwickeln. »Damit wecken wir Interesse für MINT-Fächer und zeigen, welche Möglichkeiten man damit in der Lausitz hat.«

Das CASUS ist für internationale Wissenschaftler*innen oft ein Sprungbrett für andere renommierte Forschungseinrichtungen weltweit. »Für uns ist das kein Problem. Das erweitert unser Netzwerk, ermöglicht neue Kooperationen und intensiviert auch unsere Forschung hier in Görlitz«, erklärt Bussmann. Umgekehrt komme es aber auch regelmäßig vor, dass Forschende statt einer Eliteuniversität in den USA das CASUS im beschaulichen Görlitz an der deutsch-polnischen Grenze als nächste Station in ihrer wissenschaftlichen Karriere wählen.

Der lange Weg zum eigenen Kino

Görlitz ist ihre Stadt. Erika Heine ist hier geboren und aufgewachsen und hat immer in dieser Stadt gelebt. »Ich kenne hier so viele Menschen. Wenn ich durch die Straßen gehe, bin ich nur am Grüßen.« Und sie schwärmt weiter: »Die Parks, das viele Grün und der Fluss.« Schon immer hat sie auch der Ostteil der Stadt interessiert. Sie erzählt, dass sie bereits 1968 als 14-Jährige mit ihrer Schwester und ihrem Schwager das erste Mal in Zgorzelec war und nur positive Erinnerungen an den Besuch hat. Ein junger Mann flirtete mit ihr und gab ihr einen Handkuss. »Das kannte ich ja gar nicht, aber in Polen war das üblich.« Ab 1972 war es für Pol*innen und DDR-Bürger*innen möglich, das Nachbarland ohne Visum zu besuchen. »Mit meinem Freund ging ich regelmäßig über die Grenze auf die Polenmärkte.« Sie weiß noch, was dort alles angeboten wurde: »Sachen, die es bei uns nicht gab, wie zum Beispiel Schallplatten. Billige Plastikscheiben, auf die ein Rocksong gepresst war. Die Qualität war furchtbar, aber für uns war es die einzige Möglichkeit, an diese Musik zu kommen, denn Westfernsehen oder Westradio konnte man in Görlitz nicht empfangen.« Gleichzeitig kamen auch viele Pol*innen nach Görlitz zum Einkaufen, erinnert sich die 69-Jährige. Der Mangel an Waren des täglichen Lebens sei in Polen noch viel größer gewesen als in der DDR. »Wir kauften Luxusartikel in Polen, während die Polen das kauften, was sie zum Leben brauchten.« Sie berichtet von polnischen Unternehmen, die Einkaufstouren in die Grenzstädte organisierten. »Manche Görlitzer waren über den Ansturm der Polen nicht begeistert, setzten sich aber auch nicht mit deren Beweggründen auseinander«, kritisiert sie.

Die Görlitzerin erinnert sich an gemeinsame Ausflüge mit ihren Eltern in den 70er Jahren nach Polen, zum Beispiel in das Riesenge-

birge. »Meine Eltern konnten damit an frühere Zeiten anknüpfen und schwärmten, wie schön doch alles vor dem Krieg gewesen sei.« Als junge Frau habe sie das wenig interessiert. »Heute weiß man, warum manche Dörfer oder Häuser in polnischen Dörfern nicht renoviert wurden. Die Menschen in Polen waren unsicher, ob sie in den Häusern, in die sie nach 1945 gezogen sind, bleiben dürfen.« Erika Heine erklärt, warum das Thema Vertreibung weder in den Familien und schon gar nicht in der Öffentlichkeit zur Sprache kam: »Allein die Frage danach hätte bedeuten können, dass man die Oder-Neiße-Friedensgrenze, wie es offiziell hieß, anzweifeln würde. Aus dem gleichen Grund war auch der Begriff ›Schlesien‹ verpönt.«

1980 schlossen sich die Grenzen zwischen Polen und DDR wieder. 1981 wurde das Kriegsrecht in Polen verhängt. »Über den Auslöser, also die freie Gewerkschaft Solidarność, erfuhren wir in den DDR-Nachrichten kaum etwas. Aber wir haben auch wenig hinterfragt und uns an den neuen Zustand, dass die Grenze wieder dicht war, gewöhnt.«

Mit der Wende 1989 blühte ihre Stadt auf. »Es ist beeindruckend, was hier passiert ist. Die Altstadt und ganze Häuserzeilen, die wirklich schrecklich waren, wurden renoviert.« Es sei spannend gewesen, dies in den letzten 30 Jahren zu verfolgen. »Und man kann sich nur glücklich und dankbar schätzen, dass man diese Entwicklung der Stadt erleben durfte.« Sie glaubt allerdings, dass es noch ein weiter Weg ist, bis Görlitz und Zgorzelec zu einer gemeinsamen Europastadt zusammenwachsen. »Es braucht vor allem Zeit und differenzierte Betrachtungsweisen.« Ihre Generation sei noch mit Vorurteilen gegenüber Polen groß geworden, und diese Klischees würden immer wieder hervorgeholt, kritisiert sie. »Damit muss doch jetzt endlich mal Schluss sein.« Einer ihrer besten Freunde komme aus Polen, sodass sie diese Vorbehalte längst abgebaut habe.

Erika Heine leistet mittlerweile einen aktiven Beitrag, Görlitz lebenswert zu machen: Seit 2007 betreibt sie ihr eigenes Kino inklusive Bar. »Mit fünf Jahren habe ich im Kino den Märchenfilm ›Das singende, klingende Bäumchen‹ gesehen und wusste, so etwas möchte ich auch haben«, erzählt sie. »Aber zu DDR-Zeiten war an ein privates Kino gar nicht zu denken.« Jetzt hat sie ihr eigenes Programmkino ganz nach ihren Vorstellungen eingerichtet. Auch die Filme sucht sie selbst aus. »Ich bin total glücklich mit meinem Kino in Görlitz.«

Ein Leben für ein Schloss

Manchmal braucht es einen langen und manchmal sogar einen sehr langen Atem. Jacek Jakubiec setzt sich seit fast 50 Jahren dafür ein, dass Schloss Schwarzbach (Dwór Czarne), ein Renaissanceschloss aus dem 16. Jahrhundert vor den Toren von Jelenia Góra, gerettet und saniert wird. Es wurde zur Lebensaufgabe des 80-Jährigen. Seine Vision für das Schloss: Ein Zentrum für Denkmalschutz und Denkmalpflege in der Euroregion Neiße. Die Pläne sind bereits fertig, auch die Menschen und Gremien, die das Projekt unterstützen, stehen in den Startlöchern. Jetzt fehlt nur noch das Geld: Derzeit belaufen sich die Schätzungen auf 25 Millionen Euro für die Sanierung und den Ausbau des Schlosses samt Gutskomplex.

Jacek Jakubiec ist Architekt und arbeitete nach dem Studium als Wissenschaftler an der Universität Breslau (Wrocław). »Dann kam 1968, ich engagierte mich und beteiligte mich an den Protesten. Es folgten zwei Monate Knast, und ich musste mich von der Hochschule verabschieden.« 1971 konnte er als Stadtplaner in Jelenia Góra anfangen. »Ich sollte einen Flächennutzungsplan erstellen, aber es gab ein ungelöstes Problem, und zwar eine Monsterfabrik mit mehreren tausend Beschäftigten. Aus Zellulosefasern wurden Modal und Viskose für die Textilindustrie hergestellt. Die Flüsse Zacken (Kamienna) und Bober (Bóbr) waren total zerstört und die giftigen Abgase hingen im Talkessel. Was sollte ich planen, wenn diese Fabrik Mensch und Umwelt zerstört?« Jakubiec nahm den Kampf auf. Gemeinsam mit Wissenschaftlern, Ärzten, Tourismusfachleuten und Bürgern protestierte er gegen die Zerstörung der Umwelt durch die Industrie. »Nach 19 Jahren, kurz vor der Wende, war das Ziel erreicht und die Fabrik wurde geschlossen.«

1974 kam sein ehemaliger Professor von der Uni Breslau nach Jelonia Góra und zeigte ihm Dwór Czarne. »Ich war sofort begeistert von diesem Schloss mit dem Innenhof und dem ehemaligen Wassergraben.« Zu dieser Zeit nutzte die LPG die Wirtschaftsgebäude und war auch für das Schloss verantwortlich. Die letzte deutsche Familie hatte das Anwesen 1946 verlassen. Seitdem war es bis auf wenige Ausnahmen unbewohnt. »Als ich nach zwei Jahren wieder vorbeischaute, sah ich die Katastrophe. Das Gebäude war einsturzgefährdet.« Die LPG hätte das Schloss am liebsten abgerissen, die Konservatorin vom Denkmalamt verhinderte das. »Immer wieder gab es Beratungen mit allen Beteiligten vor Ort – ohne Ergebnis.« Jakubiec hatte mittlerweile als ehrenamtlicher Verwalter einige Vollmachten und konnte Entscheidungen treffen. Er bekam auch die Erlaubnis, im Schloss zu wohnen. Zwischen 1983 und 1987 konnte das historisch wertvolle Gebäude endlich mit Geldern der Denkmalpflege gesichert werden. »Da ich mich vom Planungsamt der Stadt während des Kriegsrechts verabschiedet hatte, nutzte ich die Jahre, um intensiv am und über das Schloss zu forschen.« Damit hatte der Architekt Ende der 1980er Jahre einen Teilerfolg erreicht: Das Schloss war gesichert, außerdem wurden umfangreiche Arbeiten zur Geschichte und zur bauhistorischen Forschung veröffentlicht.

Dann kam die politische Wende. Jakubiec engagierte sich in der Stiftung für ökologische Kultur (Fundacja Kultury Ekologicznej), die er 1990 mitgegründet hat. Als Architekt sieht er einen Zusammenhang zwischen ökologischer Sanierung von Regionen und der Erhaltung von Kulturdenkmälern. Er überzeugte auch andere Engagierte in der Stiftung, dass »sowohl Landschaft als auch Denkmäler Teil der Umwelt sind«. Somit wurde der Unterstützerkreis für das Schloss immer größer.

Die LPG als ehemaligen Schlosseigentümer gibt es nicht mehr. Das Schloss ist Teil der Stiftung, die Stadt sollte die mittlerweile baufälligen Wirtschaftsgebäude übernehmen, was bis heute nicht passiert ist. Jakubiec hat sich nach der Wende für eine grenzüberschreitende Vernetzung eingesetzt. Er war maßgeblich bei der 1991 gegründeten Euroregion Neiße beteiligt. Für den Visionär ein Meilenstein, denn drei Grenzgebiete, die bisher voneinander isoliert waren, und in denen jahrzehntelang Raubbau an der Natur betrieben wurde, arbeiteten nun zu bestimmten Themen, wie zum Beispiel dem Erhalt von Denkmälern, zusammen. Sie erkannten das reiche historische Erbe und das große Potenzial dieser Region im Herzen Europas.

Dwór Czarne am Eingang zum berühmten Hirschberger Tal am Fuße des Riesengebirges könnte eine wichtige Rolle spielen. In den letzten 30 Jahren entwickelte der Architekt und Stadtplaner mit vielen Fachkollegen aus Polen, Tschechien und Deutschland Pläne für ein Zentrum für Denkmalschutz und Denkmalpflege in der Euroregion Neiße im Schloss. »Wir haben hier eine Konzentration von Kulturdenkmälern, die europaweit zu den höchsten gehört«, begründet Jakubiec seine Vision. Er zeigt eine Landkarte aus dem *Lexikon der Burgen in Polen*. »Die hohe Konzentration der Baudenkmäler im südwestlichen Teil von Polen ist deutlich sichtbar. Die Situation auf der tschechischen und sächsischen Seite ist vergleichbar.«

Wenn diese Vielzahl an Gebäuden – Schlösser, Burgen, Herrenhäuser, Umgebindehäuser, Stadt- und Dorfensembles – gerettet, saniert und dauerhaft erhalten werden soll, braucht es Handwerker mit denkmalpflegerischem Know-how. Jakubiec zählt auf: Maurer, Steinmetz, Stuckateur, Zimmerer und Dachdecker, aber auch ausgefallenere Berufe wie

Holzbildhauer, Ofensetzer, Kunstschmied, Glasmaler oder Vergolder werden gebraucht. Doch Handwerker sind knapp, und zwar in der gesamten Euroregion Neiße. Für das Frühjahr 2024 plant die Arbeitsgruppe »Denkmäler« der Euroregion eine Fachkonferenz. Man will eine Strategie entwickeln, wie man Arbeitskräfte für das Handwerk gewinnen, aus- und fortbilden kann.

Jakubiec sieht einen großen Unterschied zwischen Natur und Denkmälern: In der Natur beginnen Selbstheilungsprozesse, sobald die zerstörerischen Verursacher verschwinden. Aber ein kaputtes Denkmal stellt sich nicht selbst wieder her. Es braucht Fachleute, also qualifizierte Handwerker. Er denkt weiter: Das Handwerk ist die Voraussetzung, um die Denkmäler zu erhalten, aber Denkmäler sind auch eine Chance für die Zukunft des Handwerks und alter Handwerkstechniken.

Dass das alles funktionieren kann, haben bereits etliche Projekte gezeigt. Immer wieder gab es auf Schloss Schwarzbach Fachkonferenzen für Denkmalpflege im Dreiländereck sowie Seminare, Workshops und Fortbildungen für Handwerker. Jakubiec denkt auch hier weiter und größer: Das Schloss selbst soll für Konferenzen, kulturelle und künstlerische Veranstaltungen genutzt werden und für Touristen zugänglich sein. Auch ein Restaurant und eine Weinstube sind vorgesehen. In den Wirtschaftsgebäuden könnten Werkstätten und Schulungsräume unterkommen. Ferner braucht es Übernachtungs- und Verpflegungsmöglichkeiten für Lehrgangsteilnehmende und Dozenten. Ein Handwerksmuseum könnte zusätzliche Touristen anlocken. Die historischen Gebäude sollen in eine etwa zwei Hektar große Garten- und Parkanlage eingebettet werden. Jakubiec geht davon aus, dass 120 neue Arbeitsplätze entstehen würden.

»In drei Jahren könnte alles fertig sein«, gibt sich Jakubiec optimistisch. »Aus bautechnischer Sicht ist das realistisch. Es müssen sich nur alle Entscheidungsträger zu dem Projekt bekennen, dann wird es auch das Geld geben.« Und dann hätte er sein Lebensziel erreicht: die Rettung von Dwór Czarne und ein Bildungs- und Forschungszentrum für Handwerk im Denkmal und Restauratoren mit starken Partnern und einem großen Netzwerk in der gesamten Euroregion Neiße. Von dort könnte die Rettung und Sanierung der historischen Bausubstanz in Schlesien, Nordböhmen und Oberlausitz ausgehen. Und die Region wäre noch attraktiver für Kultur- und Naturtouristen.

Polizeicampus ganz im Osten

Die Hochschule der Sächsischen Polizei hat ihren Sitz in Rothenburg in der Oberlausitz, der östlichsten Kleinstadt Deutschlands. Pressesprecher Thomas Knaup erläutert, dass es Anfang der 90er Jahre eine politische Entscheidung war, die Hochschule direkt an der polnischen Grenze auf einem Gelände der ehemaligen Luftstreitkräfte der Nationalen Volksarmee zu etablieren. Jährlich kommen 225 Studierende für das dreijährige Bachelorprogramm nach Rothenburg – etwa ein Drittel davon Frauen.

Der Studiengang steht Bewerbern aus allen EU-Staaten mit Deutschkenntnissen offen, sofern sie das Aufnahmeverfahren bestehen. »Aber der überwiegende Teil der Bewerber und Bewerberinnen kommt aus Sachsen«, so der Pressesprecher. »Werbung für das Studium in Sachsen wird in Polen und Tschechien nicht gemacht, da auch in diesen Ländern Polizeinachwuchs gebraucht wird und wir uns keine Konkurrenz um Bewerber machen wollen.« Dafür betreibt die Hochschule der Sächsischen Polizei ein umfangreiches Erasmus-Programm und hat viele Partnerhochschulen in unterschiedlichen Ländern. Er bedauert, dass die Sprachausbildung an der Hochschule zugunsten anderer Fächer gekürzt wurde. Jetzt steht nur noch Englisch auf dem Stundenplan. Polnisch und Tschechisch dagegen nicht mehr. »Wenn es sein muss, arbeiten die Einsatzkräfte heute mit Übersetzungs-Apps.«

Nicht immer sei es leicht, Lehrpersonal sowie Professoren und Professorinnen nach Rothenburg zu bekommen. »Die Hochschule versucht, sich über Qualität zu positionieren. Eigentlich ist die Hochschule in erster Linie eine Bildungseinrichtung mit dem Ziel, Polizeinachwuchs zu gewinnen. Aber Forschung wird immer wichtiger und sorgt für ein positives Image.« Am Sächsischen Institut für Polizei und Sicherheitsforschung werden zum Beispiel Studien mit sozialwissenschaftlichem Fokus durchgeführt. Somit werde die Hochschule auch für Politikwissenschaftler oder Soziologen interessant. Ein anderer Schwerpunkt ist gegenwärtig die 3D-Tatortrekonstruktion. Damit lassen sich Tatorte virtuell sichtbar machen und sogar in Gerichtsverhandlungen projizieren. Auch zu den Themen Cybercrime und Straftaten durch Künstliche Intelligenz werde an der Hochschule gearbeitet. Für Thomas Knaup alles Belege, dass sich die Hochschule emanzipiert und nicht nur ausschließlich Lehrstoff an zukünftige Polizeibeamte vermittelt. Forschung sei auch wichtig, um den kritischen Blick von Studierenden zu schulen.

Thomas Knaup war vor seiner Zeit bei der Polizei zwölf Jahre bei der Bundeswehr. Da er sich ein anderes Arbeitsleben wünschte, bewarb er sich bei der Polizei und absolvierte selbst das Bachelorstudium. »Führung- und Lebenserfahrung hatte ich, aber die polizeilichen Inhalte musste ich lernen«, so der 46-Jährige.

Als Polizeihauptkommissar interessiert ihn natürlich das polizeiliche Geschehen in der Region, auch wenn die operative Polizeiarbeit nicht zu seinem Zuständigkeitsbereich gehört. Das Dreiländereck Sachsen/Polen/Tschechien bezeichnet er als einen Hotspot der Grenzkriminalität. Als Beispiel nennt er wiederholte Kabeldiebstähle an der Bahnstrecke zwi-

schen Görlitz und Zittau. Kupfer sei ein begehrter Rohstoff, der sich gut verkaufen lasse. Als Ursache für diese verstärkte Kriminalität im Grenzbereich sieht er die unterschiedlichen Sozialleistungen in den Ländern. »Die Menschen arrangieren sich und finden ihre eigenen Wege, sich einzurichten.« Das sei zwar verständlich, aber die Polizei habe die Aufgabe, auf die Einhaltung der Gesetze zu achten. Die Spur der Täter führt oft nach Polen und sogar noch weiter östlicher. Die Zusammenarbeit mit den polnischen Polizeikollegen funktioniere nach Knaups Erfahrung in der Regel sehr gut.

Ein anderes Thema im Grenzbereich sei das Einkaufen auf den sogenannten Polenmärkten, die sich überall an den Grenzübergängen etabliert haben. So dürfen zum Beispiel Feuerwerkskörper, die nicht nach europäischem Recht zertifiziert sind, umgangssprachlich Polenböller genannt, nicht nach Deutschland eingeführt werden. Wer diese Ware in Polen kauft und mit nach Deutschland bringt, macht sich nach dem Sprengstoffgesetz strafbar. »Das wissen viele nicht.« Als weiteres Beispiel nennt der Polizeihauptkommissar gefälschte Markenware. Wenn ein deutscher Zöllner bei einer stichprobenartigen Kontrolle feststellt, dass der angebliche Markenturnschuh ein gefälschtes Produkt ist, zieht er dieses ein.

Die Bundespolizei in der Grenzregion beschäftigt sich zudem intensiv mit der illegalen Einreise und Schleuserkriminalität. »Es vergeht beinahe kein Tag, an dem nicht eine Schleusung von Menschen aufgedeckt wird«, so Knaup. Dazu werde die Region regelmäßig »bestreift« und Schleierfahndungen, also Personenkontrollen ohne Verdacht, durchgeführt.

Kurz nach meinem Gespräch mit Thomas Knaup sehe ich einen Streifenwagen der Bundespolizei direkt am Ufer der Neiße neben dem Fahrradweg. Eine Polizeibeamtin und ein Polizeibeamter (mit Fernglas) schauen konzentriert auf das Ufer. Auf meine Nachfrage antworten sie mir, dass es um illegale Migration gehe. Mehr Auskünfte erhalte ich nicht. Am nächsten Tag werde ich zweimal von Bundespolizisten in Zivilfahrzeugen gefragt, ob ich irgendwelche auffälligen Personen am Neißeufer gesehen hätte.

Kreativ und glücklich in der Pampa

Arielle Kohlschmidt und Jan Hufenbach sind »Raumpioniere«. Gelandet sind sie 2009 in Klein Priebus, ein Dorf mit aktuell 78 Einwohnern direkt am Neißeufer etwa 40 Kilometer nördlich von Görlitz. Jetzt beraten und vernetzen sie Städter, die aufs Land ziehen wollen. Raumpioniere sind für Jan und Arielle Bahnbrecher und Wegbereiter. Sie sind Trendsetter gegen den Trend. Sie siedeln in Gebieten, denen andere den Rücken kehren.

»Gekauft habe ich das Haus schon 2005«, so Arielle. »Es war so unglaublich billig, denn zu dieser Zeit war hier absolute Untergangsstimmung«, begründet sie die Entscheidung. Jan ist in Flensburg geboren und Arielle in Cottbus. Sie erzählen von ihren bunten Lebens- und Berufswegen mit den unterschiedlichsten Stationen, bis sie sich irgendwann in Berlin trafen, von dort aus an die Neiße zogen und eine Kreativagentur gründeten. »Aufträge gab es von Anfang an genügend«, so die beiden Raumpioniere. »Wir sind aber auch Netzwerker, sodass wir schnell Menschen und Entscheidungsträger kennengelernt haben«, ergänzt Jan. »Im Dorf wurden wir von Anfang an herzlich aufgenommen. Die Menschen waren einfach froh, dass sich wieder jemand für ihr Dorf interessiert«, erzählt Arielle. »Wir sind zwar nicht im Treckerverein und in der Feuerwehr, aber wir bringen das ein, was wir können.« So gründeten sie eine WhatsApp-Gruppe für das Dorf, und Arielle hat einen Film über das große zweijährliche Treckertreffen zusammengeschnitten. Sie unterstützen bei Förderanträgen oder Öffentlichkeitsarbeit. »Wir sind gut integriert«, resümieren beide.

Vor einigen Jahren haben sie die Raumpionierstation Oberlausitz gegründet, zunächst ehrenamtlich und mittlerweile durch Fördergelder finanziert. »Richtig Fahrt aufgenommen hat die Initiative, als wir 2019

Neulandgewinner wurden«, so Jan. »Neulandgewinner« ist ein Förderprogramm des Thünen-Instituts für Regionalentwicklung e. V. und des Vereins »Neuland gewinnen«. Es unterstützt Menschen, die selbst anpacken, um ihre Heimat zu einem Ort zu machen, an dem sie gerne leben. »Die Initiative Raumpionierstation ist das medial erfolgreichste Projekt dieser Art in Deutschland mit zehn Millionen Pressekontakten seit 2018«, erzählt Arielle stolz, denn ihre eigene Agentur hat maßgeblich dazu beigetragen. »Ziel ist es, Menschen zu beraten, die mit dem Gedanken spielen, der Stadt den Rücken zu kehren und aufs Land zu ziehen. Dabei geben wir in erster Linie unsere Erfahrungen weiter.«

Die Raumpionierstation versteht sich auch als großes Netzwerk in der Oberlausitz. »Wir besuchen Veranstaltungen, um über den Umzug von der Stadt aufs Land zu berichten. Dabei machen wir die Oberlausitz bekannt und räumen manche Vorurteile aus dem Weg. Außerdem vermitteln wir Kontakte aus unserem großen Netzwerk«, fasst Jan zusammen.

»Aber wir machen keine Werbung für das Landleben«, ergänzt Arielle, »sondern erzählen von der Realität, und dazu gehört zum Beispiel, dass es hier schlecht um den öffentlichen Nahverkehr steht.« Sie erzählen von ihren Anfängen, als sie ohne Auto aus Berlin hierherzogen. »Mittlerweile haben wir zwei Autos.« Immer wieder kommt auch die Frage nach den Nazis. »Ja, die gibt es«, so Jan, »aber die sind hier nicht bestimmend.« Er berichtet von politischen Diskussionen im Dorf, in denen man nicht immer einer Meinung sei. »Da muss man dann seine persönlichen Grenzen setzen.« Zum Dorfleben gehöre es eben auch, sich mit den Geschichten der Menschen auseinanderzusetzen und sich unabhängig von politischer Einstellung gegenseitig zu helfen. »Als unser Dach neu gedeckt wurde, war es selbstverständlich, dass alle mithelfen. Und da sitzen dann vielleicht auch Wähler aller Couleur auf unserem Dach. Und genauso helfen wir jemandem mit einer anderen politischen Gesinnung«, so Jan. »Jeder hier im Dorf wird gebraucht und muss etwas in den Topf werfen.«

Die Großstadt vermissen die beiden nicht. »Die kommt zu uns. Und wir sind so viel auf Veranstaltungen unterwegs, dass wir ständig im Austausch sind und neue Inspirationen bekommen«, berichtet Arielle. Auch

das Angebot an Kultur sei ausreichend. »Nicht immer vor der Haustür, aber in Berlin dauert es ja auch, bis man von seiner Wohnung im entsprechenden Theater oder Konzertsaal ist.« Arielle erklärt, dass für ihre kreative Arbeit die Impulse aus der Natur viel wichtiger seien als die aus der Großstadt.

»Wer Lust hat, etwas zu gestalten und sich zu entfalten, der hat in dieser Region viele Möglichkeiten. Es gibt Häuser, und Arbeitskräfte werden überall gesucht – egal ob in der Schule, im Pflegebereich oder in der Verwaltung«, machen die beiden noch ein wenig Werbung für das Leben in der Pampa. Eine Sache fällt den beiden dann aber doch ein, die sie am Anfang in Klein Priebus vermisst haben: Spontan gut essen zu gehen. »Dafür versorgen wir uns aber mittlerweile zu 100 Prozent selbst mit Kräutertee und Beeren aus unserem Garten.« Und vielleicht findet sich ja demnächst ein Raumpionier, der sich in der Nähe gastronomisch verwirklichen möchte …

16

Gendern ist Wirtschaftsförderung

Die sächsische Kleinstadt Weißwasser in der Lausitz hat der Strukturwandel in den letzten 30 Jahren hart getroffen. Mehr als die Hälfte der Einwohner*innen hat die Stadt, die einst für ihre Glasindustrie bekannt war, nach der Wende verlassen. Noch ist der Bevölkerungsrückgang nicht gestoppt und der Strukturwandel nicht beendet. Wenige Kilometer vom Zentrum der Kleinstadt liegen der Tagebau Nochten und das Kraftwerk Boxberg. Da das Kraftwerk zu den neueren gehört, soll es nach derzeitigen Plänen noch bis 2038 betrieben und die Kohle dafür abgebaggert werden.

Franziska Stölzel ist 29 Jahre alt und beschäftigt sich mit Transformation und Geschlechtergerechtigkeit in der Lausitz. Ihr Büro in Weißwasser befindet sich in einer renovierten Jugendstilvilla zwischen Plattenbauten am Markplatz. Einen Job hätte die Sozialwissenschaftlerin für Wandel und Transformationsprozesse auch in Berlin oder München bekommen können. Doch Stölzel hat sich bewusst für die Lausitz und Weißwasser entschieden. Ihre Heimat. »Denn das Thema Transformation rund um den Kohleausstieg fasziniert mich. Und wo in Berlin hätte ich so ein Büro und könnte den ganzen Tag lang das machen, was mir wichtig ist?«

In ihrer Masterarbeit beschäftigte sie sich mit der Lausitz und verglich die beiden Kleinstädte Weißwasser und Forst hinsichtlich verschiedener Bedingungen zivilgesellschaftlicher Netzwerke. »Schon da war ich überrascht, wie viele gut funktionierende Netzwerke es gibt.« Sie erzählt begeistert von »FwieKraft – Frauen.Leben.Lausitz.« »So viele tolle Frauen, die sich für die Lausitz, für erneuerbare Energien und Transformation einsetzen. Auch Frauen aus Polen und Tschechien sind in unserem Netzwerk.«

Stölzel ist wissenschaftliche Mitarbeiterin bei der United Nations University (UNU). Die Universität der Vereinten Nationen besteht aus 13 Instituten in zwölf Ländern. UNO-Flores in Dresden mit der Außenstelle Weißwasser ist eines davon. »Wir arbeiten als Wissenschaftler*innen an Themen, die für die Vereinten Nationen von Bedeutung sind.« Sie zeigt auf das große Plakat mit den 17 Nachhaltigkeitszielen. »Hier am Standort Weißwasser geht es um alle sozialwissenschaftlichen Fragen rund um den Kohleausstieg.« Die Lausitz könnte Modellregion von globalem Interesse werden. »Mein Hauptthema in der Forschung ist Gerechtigkeit.«

Gerade in Kohleregionen seien laut Studien patriarchalische Strukturen stärker ausgeprägt. »Frauen sind nach einem Kohleausstieg sozial und wirtschaftlich gefährdet. Die Lausitz sollte die Fehler anderer Strukturwandel-Regionen nicht wiederholen«, warnt Stölzel. Deshalb fordert sie eine feministische Strukturpolitik. Dazu brauche es geschlechtersensible Daten, um die Interessen und Bedürfnisse aller Bevölkerungsgruppen bewerten zu können. »Frauen müssen viel mehr aktiv in Entscheidungen einbezogen werden.«

Und dann wird die junge Frau leidenschaftlich und lauter: »Es sind in der Region Männer ab 55, die die Entscheidungen treffen.« Frauen, junge Menschen und Migrant*innen haben viel zu wenig Zugriff auf Entscheidungen. Die Daseinsvorsorge werde nur auf ältere Menschen ausgerichtet und nicht auf die junge Generation. »Somit gehen die Jungen. Und die Älteren, die zurückbleiben, fühlen sich vernachlässigt.«

»Gendern ist Wirtschaftsförderung.« Stölzel wird nicht müde, diese Position immer wieder in der Öffentlichkeit zu wiederholen. Das gesprochene Gendersternchen, also eine kurze Sprechpause bei Personenbezeichnungen zwischen der männlichen und der weiblichen Form, ist das hörbare Zeichen, wie ernst ihr Geschlechtergerechtigkeit ist. »Das mache ich konsequent bei allen Versammlungen, Sitzungen, Diskussionsrunden oder Workshops.« Und dann könne es schon mal passieren, dass Stölzel mit einem älteren Herrn nicht über ihre Forschungsarbeit spricht, sondern über Sinn und Zweck des Genderns diskutiert. »Aber ich bin der Meinung, dass es ohne Gendern kein Wirtschaftswachstum in der Lausitz

geben wird.« Denn wenn die Lausitz für junge, gut ausgebildete Fachkräfte attraktiv sein will, dann müssen auch alle Bevölkerungsgruppen in den Blick genommen werden, und das fängt für die Lausitz-Aktivistin bei der Sprache an. »Ja, es ist ein Kampf«, gibt sie zu, »aber ich merke auch, wie langsam ein Umdenken stattfindet. An unseren starken Netzwerken kommen die alten Männer nicht mehr vorbei.«

Stölzel ist überzeugt, dass ein Kohleausstieg bis 2030 auch in der Lausitz möglich ist. »Es gibt genug seriöse Studien, die das belegen«, so die Transformationswissenschaftlerin. »Ich sehe die Ängste, Sorgen und Nöte der Menschen in der Lausitz. Deshalb ist es mein Ziel, daran zu arbeiten, dass die Transformation gerecht und sozialverträglich gestaltet wird. Die Arbeitsplätze sind nicht der Punkt.« Der Anteil der Menschen, die im Bereich Kohle arbeiten, sei jetzt schon gering, und auch in der Lausitz herrsche Fachkräftemangel. Sorge bereiten den Menschen die Einkommenseinbußen. Denn es sei bekannt, dass das Energieunternehmen für die Region überdurchschnittlich hohe Löhne zahlt. Aber den größten Widerstand gegen den Kohleausbau sieht Stölzel hierin: »Kohle ist Identität.« So stammt der größte bewegliche Bagger, der weltweit nachgebaut wird, aus der Lausitz. »Darauf sind die Menschen stolz.« Deshalb beschäftigt sie sich in ihrer Forschung auch mit der Frage: »Wie können wir die Akzeptanz des Wandels stärken und Menschen in diese Prozesse einbeziehen?«

Noch gibt es freie Arbeitsplätze in ihrem Büro in Weißwasser. »Wir sind noch im Aufbau und es werden noch Wissenschaftler*innen gesucht, die hier Strategien zur gerechten Transformation entwickeln und erforschen.« Wenn es der jungen Frau in Weißwasser zu langweilig wird oder sie fachlichen Austausch sucht, dann fährt sie nach Dresden an die United Nations University. »Dort kann ich Mitarbeitende aus 40 Nationen treffen. Ich mag das Multikulturelle, und ein bisschen davon möchte ich auch nach Weißwasser holen.« Und am Wochenende geht es privat in das Dreiländereck, nach Prag oder Breslau. »Es ist so bereichernd, grenzenlos unterwegs zu sein. Das ist Lausitz.«

Sorbisches Brauchtum in der Lausitz

Manfred Nickel gehört zur Volksgruppe der Sorben. Er lebt in Rohne, einem Ortsteil von Schleife im Landkreis Görlitz. Damit gehört er zu den Schleifer Sorben. Schätzungen gehen von etwa 60.000 Sorben aus, davon leben 40.000 in der Oberlausitz rund um Bautzen und 20.000 in der Niederlausitz rund um Cottbus. Die Gruppen unterscheiden sich in Sprache, Trachten und Brauchtum. »Wir Schleifer Sorben sind zwar die kleinste Gruppe, aber auch wir haben unser eigenes Brauchtum und unsere eigene sorbische Sprache«, so der 80-Jährige.

Wie viele Sorben genau in Schleife leben, weiß Nickel nicht. »Es gibt kein Papier oder Stempel für Sorben. Es ist im Grunde ein Bekenntnis zur Sprache und zur Kultur.« Er schätzt, dass sich mindestens ein Drittel der Menschen in Schleife heute noch als Sorben bezeichnen. »Viele sind weggezogen, da die Region vom Strukturwandel stark betroffen ist. Diese Abwanderung ist eine große Herausforderung für unsere Kultur«, so Nickel.

Die Sorben sind eine von vier in Deutschland anerkannten Minderheiten, Sorbisch ist in der Region zweite Amtssprache. Auf allen Orts- und Straßenschildern steht neben der deutschen Bezeichnung auch immer die sorbische. »Wir hoffen, dass unsere Sprache erhalten bleibt.« Nickel erinnert sich an seine Jugend. »Meine Mutter hat mit meiner Oma nur Schleifer Sorbisch gesprochen. Bei mir hat sie aber darauf geachtet, dass ich akzentfrei Deutsch spreche.« Heute sei das anders. Es gibt in einigen Kindergärten und Schulen das Angebot, sorbisch zu sprechen und zu lernen.

Ein Zeugnis dieser Kultur und ein Ort, an dem sorbische Traditionen gepflegt werden, ist der Njepila-Hof in Rohne, ein altes bäuerliches An-

wesen, das der arme Halbbauer Hanzo Njepila 1806 errichtete. »Ende der 90er Jahre war das Schrotholzhaus in einem katastrophalen Zustand, nachdem der Hof seit den 80er Jahren verlassen war«, erinnert sich Nickel. »Schon als Jugendlicher dachte ich immer, dass dieser Hof erhalten bleiben muss.« 1999 gründete Nickel gemeinsam mit anderen Engagierten den Verein Njepila-Hof mit dem Ziel, den verfallenen Hof, der mittlerweile im Besitz der Gemeinde war, wieder aufzubauen.

»Wir haben zunächst einmal das Gebäude gesichert, damit der Schaden nicht noch größer wird«, erzählt Nickel. Im Jahr 2000 begann der Verein, Feste auf dem halb verfallenen Hof zu organisieren. »Wir orientieren uns am bäuerlichen Leben im Jahreslauf.« Er zählt auf: Schlachtfest, Federnschleißen, Ostereier bemalen, Ostersingen, Erntefest, Kirmes und Weihnachten mit dem Rohner Christkind.

Die Feste waren ein voller Erfolg, und viele engagierte Menschen brachten ihr altes Wissen über traditionelle Kulturtechniken der Sorben ein. »Und wir erwirtschafteten das erste Geld für den Wiederaufbau des Schrotholzhauses und der Nebengebäude.« Der Vereinsvorsitzende kümmerte sich um Fördergelder, sodass 2006 der Wiederaufbau gleichzeitig mit dem 200-jährigen Jubiläum des Njepila-Hofes gefeiert werden konnte.

Auf dem Hof wird das kleinbäuerliche Leben der Schleifer Sorben gezeigt. Der Wohnbereich ist so eingerichtet, wie es zu Njepila-Zeiten üblich war, in der sorbischen Heimatstube sind unterschiedliche Trachten ausgestellt. »Für jeden Anlass, von Geburt über Taufe, Hochzeit bis zur Beerdigung gab es unterschiedliche. In Schleife ist die Trachtenvielfalt mit 60 verschiedenen Varianten besonders groß«, erklärt Nickel die Ausstellungsstücke. Auch historische Geräte zur Flachsverarbeitung und zum Weben können begutachtet werden. Im ehemaligen Stallbereich ist heute ein rustikaler Veranstaltungsraum für Feste untergebracht. Im Außengelände werden alte landwirtschaftliche Geräte wie Pflüge, Eggen, Sensen, Sicheln, Dreschflegel, Holzkarren oder Heurechen gezeigt. Alle Beschriftungen sind zweisprachig. Auf einem kleinen Acker werden typische Feldfrüchte zur Demonstration angebaut. »Regelmäßig kommen Kindergartenkinder, um praktische Feldarbeit aus dem 19. Jahrhundert kennenzulernen.«

Neben der Pflege des sorbischen Brauchtums hat der Verein die Aufgabe, das Wirken des Volksschriftstellers Hanzo Njepila (1766–1856) zu würdigen. Für Nickel gleicht es einem Wunder, dass Njepila trotz harter Arbeit und Entbehrungen fast 90 Jahre alt wurde. Das Außergewöhnliche an diesem Mann sei außerdem, dass er sich als einziger Bauer in der Region damals autodidaktisch Lesen und Schreiben beibrachte und Texte über sein Leben, seine Sorgen und Nöte verfasste.

Durch die Schriften von Njepila in Schleifer Sorbisch erhält man heute Einblicke in die bäuerliche Lebensweise in Rohne im 18. und 19. Jahrhundert. Es entstanden über 30 Hefte, von denen noch fünf Handschriften erhalten geblieben sind. Der Großteil seiner Handschriften wurde Hanzo Njepila bei seiner Bestattung mit in das Grab gelegt und ging somit verloren.

Vom geteilten Park zum gemeinsamen Erbe

Ewa Johna hat einen sehr besonderen Arbeitsplatz. Ihr Büro befindet sich in der Orangerie des Muskauer Parks. Von ihrem Fenster blickt sie in die Weite des 830 Hektar großen Landschaftsparks im englischen Stil aus dem 19. Jahrhundert. Die Landschaftsarchitektin hat ihre Diplomarbeit über den Park geschrieben und ist seit 2000 Koordinatorin für deutsch-polnische Zusammenarbeit im Muskauer Park bzw. Park Mużakowski auf Polnisch.

Fürst Hermann von Pückler-Muskau, der als einer der genialsten Gartenarchitekten seiner Zeit galt, gestaltete den Landschaftspark rund um das Schloss Muskau mit dem Flusstal der Lausitzer Neiße im Zentrum. Brücken, kleinere Bauten, bewaldete Bereiche, einzelne Baumriesen, Wege durch die weitläufigen Wiesenlandschaften, Aussichtspunkte und Sichtachsen kennzeichnen den Park, der 1945 durch die deutsch-polnische Grenze in zwei Teile dividiert wurde. Die Neiße war nun kein Gestaltungselement mehr, sondern Grenze. Ein Drittel des Parks liegt in Deutschland und zwei Drittel in Polen. In der damaligen DDR versuchte man die im Krieg zerstörten Bauten teilweise wieder aufzubauen und den Park, der mit Schützengräben durchzogen war, zu rekonstruieren. Der deutsche Teil wurde unter Denkmalschutz gestellt, der polnische der Forstverwaltung unterstellt. Große Flächen verwilderten und Gestrüpp breitete sich aus, teilweise wurden Wiesenflächen aufgeforstet. Von dem Landschaftspark war 1990 nicht mehr viel zu erkennen.

Bereits ein Jahr vor der politischen Wende begannen deutsche und polnische Denkmalpfleger, die Gesamtanlage zu rekonstruieren. 1989 nahm dieses Projekt richtig Fahrt auf, obwohl es nicht immer einfach war, da es sich um einen zweistaatlichen Park mit zwei Verwaltungen handelt. Für den deutschen Teil ist die 1993 gegründete Stiftung »Fürst-Pückler-Park Bad Muskau«, eine Einrichtung des sächsischen Finanzministeriums, zuständig und für den polnischen Teil das Nationale Institut für das kulturelle Erbe Polens (Narodowy Instytut Dziedzictwa) mit Sitz in Warschau.

Ewa Johna ist es wichtig, Andrzej Michałowski zu nennen, Anfang der 1990er Jahre Direktor der polnischen Zentralbehörde für den Schutz und Erhalt von Schloss und Gartenensemble. »Er hatte die Vision, den Park Muskau als deutsch-polnische Kulturstätte auf die Liste des UNESCO-Welterbes eintragen zu lassen.« Bis es so weit war, dauerte es noch eine Weile, aber die Motivation für dieses deutsch-polnische Projekt war auf beiden Seiten groß. 2002 reichten die deutschen und polnischen Partner einen gemeinsamen Antrag für den Muskauer Park ein. »2004 wurde der Muskauer Park – Park Mużakowski Weltkulturerbe«, berichtet Johna stolz.

Die Liste der Projekte, die Johna über die Jahre betreut hat, ist lang. Wichtig sind ihr die Jugendprojekte, die über 20 Jahre lang im Park durchgeführt wurden. Unter dem Motto »Arbeiten und Lernen über Grenzen« gab es Kooperationen polnischer und deutscher Arbeitsämter, sodass junge Menschen aus beiden Staaten gemeinsam an der Restaurierung des Parks arbeiteten.

Seit dem Beitritt Polens in die Europäische Union und dem anschließenden Wegfall der Grenzkontrollen können Besucher und Besucherinnen den Park wieder als Gesamtkunstwerk erleben. Die vielen Brücken ermöglichen ein grenzenloses Erlebnis, Sichtachsen sind größtenteils wieder hergestellt.

»Die Zusammenarbeit mit dem zuständigen polnischen Institut ist leider sehr davon abhängig, wie viel Interesse die verantwortliche Person für Bad Muskau hat. Und im Moment scheint das Interesse nicht so groß zu sein«, bedauert die Landschaftsarchitektin, die die Strukturen auf beiden Seiten bestens kennt. Zwar gäbe es vor Ort auf polnischer Seite des Parks eine zuständige Person. »Aber die allgemeine Stimmungslage ist im Moment nicht so gut.« Und es reiche eben nicht, nur über Wiesenpflege und Unkraut zu reden. »Um den Park weiterzuentwickeln, brauchen wir politische Unterstützung – von Deutschland und von Polen.« Johna geht davon aus, dass der Muskauer Park in Warschau im Moment nicht oben auf der Prioritätenliste steht. »Wir können froh sein, dass wir schon so viel gemeinsam erreicht haben und als Vorzeigeprojekt internationaler Gartendenkmalpflege gelten.«

Johna denkt pragmatisch: »Ich habe im Laufe der Jahre so viele Netzwerke aufgebaut, dass ich mir immer Partner suchen kann, die Interesse am Park und an

gemeinsamen Projekten haben.« So initiiert sie Kunstausstellungen oder Theaterinszenierungen mit deutschen und polnischen Partnern. Mit der Restaurierung und Wiederbelebung des Berg- und des Badeparks sowie der ehemaligen Brauerei geht die Rekonstruktion des historischen Ensembles weiter. Immer neue Attraktionen für Interessierte am Muskauer Park kommen hinzu. »Und ich als Koordinatorin sitze immer mit am Tisch, um die deutsch-polnische Zusammenarbeit mitzudenken. Und daraus ergeben sich oft Ideen für weitere grenzüberschreitende Projekte.«

Die deutsch-polnische Kooperation setzt sich über den Park hinweg fort, da er im Zentrum des deutsch-polnischen Geoparks Muskauer Faltenbogen liegt, der durch eine hufeisenförmige Stauchendmoräne beidseits der Neiße gebildet wurde. Gleichzeitig ist der Geopark mit einer Fläche von 58.000 Hektar eine waldreiche Bergbaufolgelandschaft mit über 400 Restseen sowie zahlreichen Wander- und Fahrradwegen in Polen und Deutschland.

Wenn die Kohle Dörfer frisst

Das Archiv verschwundener Orte in Forst ist das Ergebnis des verlorenen Kampfes der ehemaligen Bewohner von Horno um ihr Dorf. 15 Jahre haben die Menschen um den Erhalt des Lausitzer Dorfs mit 320 Einwohnern gekämpft. Vergeblich. Horno musste 2004 den Kohlebaggern weichen und ist 2005 in der Mondlandschaft des Braunkohletagesbaus Jänschwalde verschwunden. Der Großteil der Menschen zog in den zwischen 2002 und 2004 neu aufgebauten Ort Neu-Horno, etwa fünfzehn Kilometer vom alten Dorf entfernt.

Horno ist kein Einzelschicksal. Das Archiv verschwundener Orte dokumentiert die Geschichte von 87 Dörfern in der Lausitz, die komplett der Kohle weichen mussten, und von 50 Dörfern, die teilweise »devastiert« wurden. Dazu gehören auch acht versunkene Dörfer, die für Talsperren aufgegeben werden mussten, damit die Kraftwerke genügend Kühlwasser zur Verfügung haben.

Sie alle werden in dem 2006 eröffneten Archiv verschwundener Orte gewürdigt. »Die Idee zu dieser Erinnerungsstätte mit Dokumentationszentrum kam im Zuge der Verhandlungen zur Umsiedlung«, erklärt Dörthe Stein, die von Anfang an in der Ausstellung arbeitet. »Hier gibt es Informationen zu allen seit 1924 verschwundenen Dörfern. Die Datenbank wird erweitert, sobald wir neues Material recherchiert haben.«

»Die meisten Dörfer in der Lausitz wurden in den 1970er und 1980er Jahren zerstört«, erläutert Dörthe Stein. Widerstand sei zu DDR-Zeiten kaum möglich gewesen. »Den Menschen wurde oft neuer Wohnraum in Plattenbauten angeboten. Später gab es die Möglichkeit, mit staatlicher Unterstützung ein Eigenheim zu bauen.« Die Menschen in Horno wurden 1980 das erste Mal informiert, dass das Dorf verschwinden soll. Sie hofften, dass sie bleiben können und haben ihr Dorfleben bis zuletzt gepflegt. Mitte der 80er Jahre wurde Horno als »schönstes Dorf« in der Region ausgezeichnet. Noch

1996 begingen die Hornoer ihr 650. Dorfjubiläum unter dem Motto: »Wir feiern und bleiben.« Ein Zeitzeuge berichtet in einem Video: »Die Hornoer lebten so, als ob es die Kohle und die Entscheidung über den Abriss nicht gab.« In der Ausstellung wird auch über den jahrelangen Protest der Hornoer nach der Wende erzählt. Es ging damals nicht nur um den Erhalt des Dorfs und der Heimat von Menschen, sondern um die Energiepolitik der Zukunft. Horno wurde zum Symbol des Widerstands gegen fossile Energien, mit Protestsongs und Kulturfestivals. Solidarität kam von allen Seiten, außer von der Braunkohlewirtschaft. Die Ausstellung zeigt Fotos von 1993. Darauf sind Demonstranten mit Bannern zu sehen: »Die Jugend fordert Energiewende jetzt«

Neu-Horno wurde nach dem Vorbild des abgebaggerten Dorfes neu aufgebaut – mit Dorfteich und Kirche.

Die Geschichte des Lausitzer Tagebaus ist eng mit dem Leben der Sorben verbunden. Mehrheitlich waren es Sorben, die in den verschwundenen Orten lebten und deren kulturelles Erbe von den Umsiedlungen bedroht war. Im Mittelpunkt der Ausstellung stehen nicht die Zerstörung der Natur und die Klimafolgen durch Abbau und Verstromung von Kohle, sondern die Schicksale der Menschen, die umgesiedelt wurden. Der Ausstellungsraum ist wie eine Wohnlandschaft mit Landkartenteppich gestaltet, der die Ausmaße des Tagesbaus in der Lausitz verdeutlicht. Der Teppich ist interaktiv, das heißt, Besucher können mit einem »Informationssauger« verschwundene Orte anfahren. Über die Datenbank erhalten sie Informationen zu dem Dorf, über dessen Geschichte, zu den ehemaligen Bewohnern und deren Umsiedlung.

Als feststand, dass es keine Rettung für Horno gibt, entschieden sich die Bewohner mehrheitlich, gemeinsam in ein neues Dorf umzusiedeln. Dörthe Stein war Anfang 30, als sie nach Neu-Horno, heute ein Stadtteil von Forst, umzog. Neu-Horno wurde nach dem Vorbild des abgebaggerten Dorfs als Straßenangerdorf auf einer landwirtschaftlichen Fläche komplett neu aufgebaut. Entstanden sind 69 Einfamilienhäuser, jeweils mit kleinen Nebengebäuden und Garten sowie drei Mehrfamilienhäuser mit Mietwohnungen. In der Dorfmitte steht die neue Kirche mit altem Inventar wie Altar, Taufbecken, Orgel, Kronleuchter, Glocken etc., umgeben von einer Grünanlage mit Dorfteich. Der Friedhof liegt am Ortsrand – auch die Toten und deren Grabsteine sind teilweise mit umgezogen. Nach knapp 20 Jahren sind die neu gepflanzten Bäume und Büsche gewachsen, sodass man erst auf den zweiten Blick erkennt, dass hier ein Dorf vom Reißbrett hochgezogen wurde. Dörthe Stein ist angekommen in Neu-Horno, aber vergessen wird sie den Ort ihrer Kindheit nicht. »Wenn ich an meine Oma denke, die oft unter dem alten Nussbaum saß, wird mir immer wieder bewusst, dass es diesen Ort nicht mehr gibt. Hoffentlich müssen keine weiteren Dörfer in das Archiv aufgenommen werden.«

Von der Erntehelferin zur Chefin eines Beerenimperiums

Wielotów, ein kleines Dorf mit etwa 100 Einwohnern im ländlichen Polen zwischen den beiden Kleinstädten Guben/Gubin und Forst, etwa zehn Kilometer östlich der Neiße. Hier hat Dorota Schewior mit viel Mut, Ausdauer und Fleiß ihren Traum verwirklicht: einen Spargel-Himbeerhof. Er hat sich zu einem Ausflugsziel für Menschen aus dem Umkreis von 50 Kilometern und mehr entwickelt. »In den ersten Jahren kamen überwiegend Rentner aus Deutschland, und heute kommen viele Familien mit Kindern aus Polen und Deutschland, um hier ein paar schöne Stunden zu verbringen«, so die Chefin des Betriebs.

Wielotów ist das Heimatdorf von Dorota Schewior. Ihre Eltern hatten eine kleine Landwirtschaft mit Kühen und Getreideanbau. »Ich wollte weg von dem Ort und der harten Arbeit in der Landwirtschaft.« Sie lernte Köchin und war mit 21 Jahren Küchenleiterin. Aber die Arbeit in und mit der Natur fehlte ihr. »Ich muss draußen sein.« So ging sie nach der Wende als Erntehelferin und Saisonarbeitskraft an den Bodensee. »Dort habe ich gutes Geld verdient und die Arbeit auf verschiedenen Obstbaubetrieben kennengelernt«, blickt sie zurück. Und irgendwann hat sie für sich beschlossen: »Das kann ich auch.«

Mit 28 Jahren kam sie zurück in ihr kleines Dorf, kaufte ein Stück Land und machte sich mit Himbeer- und Erdbeeranbau selbstständig. »Meine Eltern waren dagegen, andere erklärten mich für verrückt. Mein Ziel war es von Anfang an, Kunden aus Deutschland nach Wielotów zu holen.« Das klappte nicht sofort, denn allein der Früchte wegen kamen die Kunden nicht. Also begann die umtriebige Frau, Spargel anzubauen, den sie zunächst auf Wochenmärkten in Deutschland verkaufte, um bekannt zu werden. Das klappte, und immer mehr Kunden kamen auf den Hof, um

die weißen Stangen vor Ort zu kaufen. »Wir lockten sie zusätzlich mit Kaffee und frischem Erdbeerkuchen.« Und so kam eins zum anderen: ein Gartencafé, ein zweiter überdachter Sitzplatz, der ehemalige Kuhstall wurde zum Restaurant ausgebaut und bekam noch einen Anbau. »Mittlerweile haben wir 300 Sitzplätze, und an den Wochenenden, in der Spargelzeit und zu bestimmten Anlässen ist es hier voll.«

Das Wichtigste ist für die 54-Jährige, dass die Qualität der Früchte stimmt. Erdbeeren, Himbeeren, Brombeeren, Kulturheidelbeeren, Aroniabeeren sowie Spargel, Gurken und Tomaten wachsen rund um den Betrieb. Alle Früchte können von den Kunden selbst gepflückt oder im Laden gekauft werden. Spargel wird im eigenen Restaurant verarbeitet und im Hofladen verkauft. Am Beispiel der Erdbeeren, die in endlos langen Reihen unter Folientunneln auf zehn Hektar wachsen, zeigt sie die Besonderheit ihrer Kulturen: »Wir haben eine spezielle Sorte, die von Juni bis Oktober Früchte trägt. Sehr schmackhaft, aber sehr empfindlich.« Deshalb wächst die Pflanze auch nicht zwischen Stroh in der normalen Erde, sondern in spezieller, krankheitskeimfreier Erde, die mit Bodengewebe abgedeckt ist. »Stroh mag zwar schön aussehen, aber die Gefahr, dass es Krankheitskeime und Ungeziefer enthält, ist groß.« Eine Bewässerungsanlage bringt Wasser und Nährlösung tröpfchenweise zielgenau zu den Wurzeln. Die Tunnelüberdachung schützt die Pflanzen und Früchte vor Spritzwasser durch Regen und somit vor Schimmel und anderen Krankheiten. »Die Erdbeerpflanzen sind sehr sensibel und müssen genau beobachtet werden«, so die Fachfrau. Ich gehe regelmäßig durch die Reihen und schaue nach Schädlingen. Sobald ich mehrere sehe, bestelle ich Nützlinge, die die Schädlinge auffressen. Die Kunden können sich darauf verlassen, dass die Qualität immer gleich ist und nicht unter Witterung oder Schädlingen leidet.«

»Ich habe immer an meine Idee geglaubt«, sagt sie zufrieden inmitten ihrer Blütenpracht, die sich durch die ganze Anlage zieht. »Ja, manche kommen auch wegen der Blumen. Das ist mein Hobby, darum kümmere ich mich selbst«, sagt sie lachend, während sie an verblühten Rosen zupft. »Die muss ich nachher noch schneiden.« Etwa 20 Mitarbeitende sind dauerhaft im Betrieb beschäftigt – auf dem Feld und in der Gastronomie. In der Hauptarbeitszeit von April bis Oktober sind bis zu 50 Saisonarbeitskräfte beschäftigt. »Es sind überwiegend Frauen aus der Ukraine«, so Schewior. »Viele kommen schon jahrelang und freuen sich, dass sie hier gutes Geld verdienen können, so wie ich damals am Bodensee.«

Während eines Betriebsrundgangs erklärt sie das Geschäftsmodell: »Es ist alles miteinander verbunden und führt als Gesamtheit zum Erfolg. Wer zum Erdbeerpflücken kommt, bleibt zum Mittagessen oder Kaffeetrinken, während die Kinder auf dem großen Gelände spielen oder sich an Esel, Hühnern und Rotwild erfreuen. Mancher nimmt vielleicht noch Spargel für zu Hause mit und bestellt die Weihnachtsgans oder meldet sich zum Gansessen im Winter bei uns an.«

»In mir stecken Dorf und Landwirtschaft, aber eben auf eine andere Art als bei meinen Eltern. Ich liebe diesen Beruf und das, was ich täglich mache. Allerdings darf man keine Angst vor harter Arbeit haben.« Es sei immer spannend, und jeden Tag frage sie sich: Was ist gut gelaufen und was kann man noch besser machen? Sie genießt die wenigen Auszeiten. »Ich gehe auch mal ins Konzert oder fahre in den Urlaub«, gibt sie zu. »Aber ist nicht der Erfolg schon eine Art Entspannung?« Schewior plant

weiter: Als nächstes großes Event steht das Oktoberfest auf dem Hof an. »Wir erwarten 300 bis 400 Gäste. Es gibt polnische und bayerische Spezialitäten, eine polnische und eine bayerische Blaskapelle.« Auch ihre Mitarbeitenden und die Saisonkräfte werden mitfeiern. Die Dekoration wird allerdings nicht blau-weiß sein, sondern rot-weiß, in den polnischen Nationalfarben.

21

Grenzregionen für ein starkes Europa

Czesław Fiedorowicz ist überzeugt, dass wir starke Grenzregionen brauchen. »Von hier kommen wichtige Impulse für das eigene Land, aber auch für Europa. Nur wenn wir hier gut zusammenarbeiten, können wir es schaffen, dass in Polen und Deutschland irgendwann gleiche Lebensverhältnisse herrschen.«

Fiedorowicz ist Vorsitzender des polnischen Teils der Euroregion Sprewa-Nysa-Bóbr (Spree-Neisse-Bober) und war 1993 maßgeblich an ihrer Gründung beteiligt. Das polnische Büro der Euroregion befindet sich in einer schmucken Villa direkt an der Neiße im polnischen Gubin. »Etwa 400 Meter von hier, auf der anderen Seite der Neiße im deutschen Guben sitzen die deutschen Kollegen in ihrem Büro.« Für Fiedorowicz ist es kein Problem, dass es zwei Vereine und zwei Büros für eine Euroregion gibt. »Die Zusammenarbeit ist hervorragend und wir stehen in ständigem Austausch.« Zum deutschen Verein der Euroregion gehören 32 Mitglieder – Kommunen, Wirtschafts- und Sozialpartner, Verbände und Vereine, Bildungsträger und Privatpersonen. Im polnischen Verein sind es 53 – Städte, Gemeinden und Landkreise.

Euroregionen bilden Gemeinschaften über Grenzen und Völker hinweg. Neben der Euroregion Spree-Neiße-Bober gibt es entlang der deutsch-polnischen Grenze drei weitere: Neiße, Pro Europa Viadrina und Pomerania. Insgesamt ist Polen mit seinen Grenzgebieten an 16 Euroregionen beteiligt. Fiedorowicz ist auch Vorstandsvorsitzender der Föderation der Euroregionen der Republik Polen. Die Euroregionen entlang der deutsch-polnischen Grenze sind für den gebürtigen Gubiner besonders wichtig. »Nach 1945 gab es zwischen Polen und Deutschland kaum Kontakt. Da haben wir viel nachzuholen, und die Euroregion bietet einen guten Rahmen dafür.«

Die deutsch-polnische Grenze ist für Fiedorowicz auch eine Grenze zwischen der slawischen und der germanischen Welt. »Unsere Mentalität und Kultur, unsere Gewohnheiten sind sehr unterschiedlich.« Aber trotzdem sei es möglich, vertrauensvoll zusammenarbeiten. »Das haben wir in der Vergangenheit immer wieder bewiesen.« Als Beispiele nennt er die gemeinsame Gasversorgung für die Doppelstadt Guben/Gubin oder eine Umgehungsstraße, um den Verkehr in beiden Innenstädten zu reduzieren. Die Europaschule in Guben, die polnische Kinder genauso wie deutsche Kinder besuchen können, sieht er als Meilenstein. Als wichtigstes Pilotprojekt bezeichnet er aber die gemeinsame Kläranlage, die Mitte der 90er Jahre gebaut wurde. »Unser Ziel ist es, dass wir irgendwann eine Stadt werden. Und daran arbeiten wir.«

Die Euroregion erleichtert zwar die Zusammenarbeit auf kommunaler Ebene. Fiedorowicz hält es aber für genauso wichtig, dass sich Menschen aus Deutschland und Polen begegnen. »Mehr als 1000 Partnerschaften haben wir in unserer Euroregion bereits initiiert, gebaut und unterstützt, zum Beispiel zwischen Dörfern, Vereinen, Schulen oder Feuerwehren.« Es kommen immer wieder neue Themen für Partnerschaften dazu. »In letzter Zeit geht es viel um Energiethemen und um Gesundheit«, erklärt Fiedorowicz. Dazu gehört auch das Thema medizinische Versorgung. »Gubin hat kein Krankenhaus. Das nächste Krankenhaus in Polen ist etwa 30 Kilometer entfernt. Das Krankenhaus im deutschen Guben aber nur wenige Kilometer.« So müssen jetzt Lösungen gefunden werden, dass Patienten aus Polen ganz selbstverständlich ins Krankenhaus nach Guben gehen können.

Die Euroregion verwaltet europäische Gelder, zum Beispiel aus dem Förderprogramm »Interreg«. Über den Kleinprojektefond können grenzüberschreitende Kooperationen unterstützt werden. »Wer eine Idee hat, wie wir das Leben in der Grenzregion und die grenzüberschreitende Zusammenarbeit verbessern können, soll sich an uns wenden. Wir können sowohl inhaltlich beraten als auch bei der Antragstellung unterstützen.«

Ein Thema bewegt Fiedorowicz besonders: die Sprache. »Ich muss die Sprache meines Nachbarn können.« Er fordert, dass Kinder in Grenzregionen schon im Kindergarten die Sprache des jeweiligen Nachbarlandes spielerisch lernen. »In Schulen sollte es die Regel und nicht die Ausnahme sein, dass die Sprache der Nachbarn unterrichtet wird. Da sind wir weit von entfernt.« Dass alle nur noch Englisch lernen, ist für ihn keine Option. »Englisch als Fremdsprache zu lernen ist selbstverständlich, aber die Sprache des Nachbarn muss ich trotzdem können.« Er selbst spricht sehr gut Deutsch: »Als ich 1990 Bürgermeister von Gubin wurde, habe ich Deutsch gelernt, sonst hätte ich ja immer einen Dolmetscher gebraucht.«

Fiedorowicz beunruhigt der wachsende Nationalismus in Polen und in Deutschland und weltweit. »Das macht mir Angst. Wir sind doch alle voneinander abhängig, und unsere grenzüberschreitende Zusammenarbeit und Freundschaften zu unseren Nachbarn gefährden doch nicht die Souveränität eines Landes. Im Gegenteil: Nationalismus gefährdet den Frieden.« Fiedorowicz sieht Grenzen nicht als etwas Trennendes, sondern als etwas Verbindendes. »Das funktioniert aber nur, wenn die Grenzen in unseren Köpfen verschwinden und wir im Herzen gegenüber unseren Nachbarn aufgeschlossen sind.«

Als Vertriebene in einem Haus der Deutschen

Lidia Fiedorowicz ist sofort bereit, ihre Lebensgeschichte zu erzählen. Die 90-Jährige kommt mit einer Gehhilfe aus der Küche in das Esszimmer ihres Gubiner Vorkriegshauses und setzt sich an den Tisch mit grüner Tischdecke. Keine Einführung, keine Fragen, sie fängt sofort an: »Geboren bin ich am 5. Mai 1933 in Krasne. Ich fühle mich sehr alt, zu alt, um mir noch neue Zähne machen zu lassen. Aber im Kopf fühle ich mich nicht alt.« Lidia erzählt lebendig und ausführlich. Anita Carewicz dolmetscht und versucht immer wieder zu unterbrechen, um zu übersetzen. »Ich bin Polin«, stellt Lidia sofort klar.« Ihr Geburtsort liegt im Südwesten der heutigen Ukraine in Podolien, knapp 200 Kilometer östlich von Lemberg. Bis 1939 war das Gebiet polnisch. Sie erzählt von ihrem Elternhaus, ein Steinhaus in dem Dorf mit etwa 2.000 Einwohnern.

»Ich hatte eine gute Kindheit«, erzählt sie. »Mein Vater hatte eine Tischlerei, und nebenbei betrieben wir eine kleine Landwirtschaft. Die Erde in Krasne war sehr gut und fruchtbar. Wir waren arm, aber ein bisschen Wohlstand gab es doch in unserer Familie«, erinnert sie sich. Ihr Opa war in den 1920er Jahren nach Amerika ausgewandert. »Nach Detroit, dorthin, wo es Arbeit gab. Er hat uns manchmal Pakete geschickt, so groß wie der Tisch«, erzählt sie, während sie auf den Esstisch zeigt, an dem bequem sechs Personen sitzen können. Sie erinnert sich an Tischdecken und Pelzmäntel, die per Post von Detroit nach Krasne reisten. Sie erzählt auch von anderen Familienmitgliedern, die sich nach der Unabhängigkeit Polens 1918 auf der Suche nach Arbeit über den Erdball verteilten – »Paraguay, Argentinien und in den Vereinigten Staaten«, zählt sie auf.

Es dauert eine Weile, bevor sie auf die Kriegsjahre zu sprechen kommt. »In Krasne haben Polen, Juden, Deutsche und Ukrainer zusam-

 Gegenüber: Lidia Fiedorowicz (links) und Dolmetscherin Anita Carewicz.

mengelebt. Es war friedlich, bis der Krieg begann. Während der Kriegsjahre und zu Kriegsende habe ich so viele Tote gesehen, obwohl ich noch ein Kind war. Ich habe gesehen, wie Juden getötet wurden. Die reichen Juden sind geflohen.« Am 17. September 1939 wurde Polen von der Sowjetunion angegriffen. Später wurde ihre Heimat von Deutschland besetzt. Immer wieder habe sich die Familie aus Angst vor Gräueltaten versteckt. Lidia berichtet von der Angst zunächst vor Russen und später vor den ukrainischen Nationalisten, den Banderas, wie sie die Anhänger von Stepan Bandera nennt. Und wieder erzählt wie von den Toten und der Angst vor Massakern an polnischen Familien.

Sie erinnert sich an ihre Schulzeit in Krasne: »Dort mussten wir ukrainisch sprechen, was meine Mutter überhaupt nicht mochte. Zu Hause sprachen wir nur polnisch.« Auf ihrem Zeugnis prangte das Porträt von Stalin. »Ich habe mit einem Bleistift die Augen übermalt. Meine Mutter war entsetzt und hatte Angst, dass die Familie nach Sibirien verschleppt würde. Deshalb verbrannte sie das Dokument.«

Ihr Vater Mikołaj starb 1945 kurz vor Kriegsende in Dresden während einer Explosion auf einer Elbbrücke. Es sei schon immer gegen die Russen gewesen. »Er hat uns gelehrt, dass die Russen Feinde der ganzen Welt sind.«

Eine Zukunft für die damals 13-jährige Lidia, ihren Bruder Henryk und ihre Mutter Antonina gab es in Krasne nicht mehr. 1946 kam der Befehl an alle Polinnen und Polen, das Gebiet zu verlassen. Anfang 1946 bestieg Lidia mit ihrer Mutter, ihrem Bruder, Verwandtschaft und anderen Familien aus Krasne einen Güterzug nach Gubin. »Es gab Züge nach Krakau, Breslau und Gubin. Wir hatten keine Wahl, und so landeten wir gemeinsam mit Kuh, Pferd und Hühnern in dem Zug nach Gubin. Zwei Wochen dauerte es, bis der Zug ankam.« Aber dort konnten und wollten die polnischen Familien aus Krasne auch nicht bleiben, denn die Stadt war komplett zerstört und es gab keine Ställe für die Tiere. Die Familien suchten eine Bleibe für Mensch und Tiere. Und sie wurden fündig. »Wir zogen alle zusammen nach Gębice, ein Dorf etwa zwölf Kilometer südlich von Gubin. Hier gab es Häuser und Ställe. Das Dorf war leer. Die Deutschen waren alle weg. Sie wurden auch vertrieben.«

Lidia erinnert sich, dass Verwandte sie, ihren Bruder und ihre Mutter nach Amerika holen wollte. »Meine Mutter war stur und wollte hierbleiben. Sie war erschöpft und wollte nicht weiterreisen. Aber die Verwandtschaft unterstützte uns viele Jahre mit Geld.« Lidia sagt über sich selbst: »Ich war traumatisiert, da ich so viele Tote und Halbtote gesehen habe.« Gleichzeitig schwärmt sie von Gębice. »Zehn polnische Familien aus Krasne sind hier untergekommen. Das Dorf war nicht zerstört. Wir hatten das schönste Haus. Die Mauern, das Dach und die Ställe waren in Ordnung. In unserem Haus gab es sogar eine elektrische Getreidemühle, die wir noch viele Jahre nutzten. Es war so modern, dass es eine Wasserleitung in den Stall gab.« Allerdings seien die Russen vorher in dem Haus gewesen und hätten sie ruiniert. »Auch manche Möbel waren teilweise von den Russen zerstört und das Porzellan zerschlagen worden«, beschreibt sie, wie die Russen mit dem Besitz der Deutschen umgegangen sind. »Ja, uns war bewusst, dass hier deutsche Familien gelebt haben, die vertrieben wurden und alles zurücklassen mussten.«

Nach den Jahren voller Angst und Gewalt fühlte sich Lidia in Gębice sicher. »Wir waren mit allem zufrieden, was wir hatten, auch wenn wir arm waren.« Zwölf Jahre bleibt sie mit ihrem Bruder und ihrer Mutter in dem Haus, das einst irgendwelchen Deutschen gehört hatte. 1958 zieht sie mit ihrem Mann Bolesław, der aus Wilnius vertrieben wurde, nach Gubin. Das Haus in dem Dorf ist noch heute im Familienbesitz, es gehört Lidias Sohn Czesław Fiedorowicz.

Von der Unsicherheit, ob die Deutschen wiederkommen könnten und ihre Häuser eventuell zurückfordern würden, wusste Lidia nichts. Sie hatte eher Angst, dass sie nach Krasne in die ehemaligen polnischen Gebiete, die nach dem Krieg zur Sowjetunion gehörten, zurückmusste. »Am Anfang hieß es, dass wir nur vorübergehend in Gubin bleiben müssten und wir dann wieder nach Krasne zurückkönnten. Aber wir wollten gar nicht zurück. Ich hatte immer noch Angst, dass man uns dort töten würde. Diese Angst blieb in meinem Kopf.«

Lidia ist es ein dringendes Anliegen, über ihre deutschen Freunde zu erzählen. Sie holt Fotoalben aus dem Schrank: »Das sind nicht nur Freunde, das ist für mich auch Familie.« 1971, als Reisen zwischen Polen und der damaligen DDR möglich wurden, lernte die Familie Fiedorowicz mehrere deutsche Familien kennen, Vertriebene aus Zielona Góra, Gubin und Gębice. Auch die ehemaligen Besitzer des Hauses in Gubin kamen eines Tages. »Reden konnten wir wenig miteinander. Wir sprachen kein Deutsch, und die sprachen kein Polnisch. Aber wir haben verstanden, dass auch sie ihre Heimat verlassen mussten«, berichtet Lidia, während sie Fotos der Familien, der Kinder und Enkelkinder zeigt.

Gefragt nach den Traditionen, die sie sich aus dem Ort ihrer Kindheit bewahrt hat, schwärmt die 90-Jährige von den Früchten aus dem Garten und Gebäck, vergleichbar mit Berlinern. Sie sagt Rezepte auf, während sie ihren Sohn in die Küche schickt, um »Mamałyga« – eine Mischung aus Maismehl und Wasser mit Kirschkonfitüre zum Probieren zu holen. Und dann erzählt sie von Musik und den vielen Liedern aus ihrer Heimat und

Lidia Fiedorowicz mit ihrem Sohn Czesław und Fotos von ihrem 1945 verstorbenen Vater Mikołaj und ihrem vor kurzem verstobenen Mann Bolesław.

fängt an zu singen – erst ein polnisches Lied, dann ein ukrainisches. Die Texte kennt sie auswendig. Sie erzählt, dass sie in Krasne im Chor gesungen habe, später auch in Gębice. »Jetzt bin ich hier zu Hause, und Krasne habe ich in meinem Herzen.«

Stadt als Ausdruck einer gesellschaftlichen Vision

Eisenhüttenstadt ist eine sozialistische Musterstadt, die am Reißbrett entwickelt wurde. Grund für den Bau der neuen Stadt mitten in einem märkischen Kiefernwald in Brandenburg war der Aufbau einer Schwerindustrie an der Oder. Für das neugegründete Stahlwerk neben dem mittelalterlichen Ort Fürstenberg brauchte man Tausende von Arbeitskräften und somit auch Wohnraum.

Der Name der Stadt wechselte mehrmals: Zuerst war es die »Wohnstadt des Eisenhüttenkombinats Ost«, dann ab 1953 Stalinstadt und seit 1961 Eisenhüttenstadt. Hier lebt man nicht in Stadtteilen, sondern in Wohnkomplexen mit jeweils etwa 5.000 bis 10.000 Einwohnern. Die Wohnkomplexe I bis III der ersten deutschen sozialistischen Idealstadt sind in den 50er und 60er Jahren im sozialistischen Klassizismus erbaut. Sie stehen heute gemeinsam mit der Haupteinkaufsstraße, der Lindenallee, unter Denkmalschutz und gelten als das größte Flächendenkmal Deutschlands. Als das Stahlwerk wuchs und immer mehr Menschen beschäftigte, entstanden zwei weitere Wohnkomplexe in einfacherer Bauweise, und in den 80er Jahren kam die letzte Erweiterung in typischer DDR-Plattenbauweise hinzu.

Die Stadt ist Ausdruck einer gesellschaftlichen Vision. Arbeit, Freizeit, Bildung, Kultur und Erholung sollten in unmittelbarer Nähe zum Wohnort liegen. So gehörten zu jedem Wohnkomplex ein Kindergarten, eine Schule und Einkaufsmöglichkeiten. Die großzügigen autofreien Grünanlagen dienten der Erholung im Kollektiv – Balkone waren nicht vorgesehen. Kunstwerke, die das Ideal der sozialistischen Gesellschaft darstellten, sind als Wandmosaiken, Buntglasfenster oder Skulpturen zahlreich im öffentlichen Raum vertreten.

Nach DDR-Plänen sollte die Stadt am Ende 100.000 Einwohner haben. Das klappte nicht ganz: Bis zur Wende wuchs Eisenhüttenstadt kontinuierlich auf über 50.000 Menschen. Durch den Strukturwandel verlor Eisenhüttenstadt nach der Wiedervereinigung die Hälfte seiner Einwohner, mehr als jede andere ostdeutsche Stadt.

Ein deutsches Magazin hat Eisenhüttenstadt zu einem Top-Reiseziel 2023 auserkoren. Hier kann man DDR-Geschichte, stalinistische Architektur, Ostalgie, aber auch jede Menge Lost Places entdecken und erleben. Viele Gebäude stehen leer, sind heruntergekommen und dem Vandalismus ausgeliefert. Einige Wohnquartiere am Stadtrand wurden mittlerweile abgerissen und Brachflächen teilweise mit Einfamilienhäusern bebaut. Die Gebäude in der Innenstadt, die unter Denkmalschutz stehen, wurden größtenteils saniert, um das Wohnen dort wieder attraktiv zu

machen. Mitten im Zentrum in unmittelbarer Nähe zum Rathaus steht als riesiger Klotz die Ruine des ehemaligen Hotels Lunik, das seit mehr als 20 Jahren geschlossen ist und zunehmend verfällt. Zu DDR-Zeiten galt es als das »erste Haus am Platz«. Emotionen hängen an dem Gebäude, da viele Eisenhüttenstädterinnen und Eisenhüttenstädter fröhliche Stunden im Tanzcafé, Restaurant und der Nachtbar verlebt haben. Dort wurde die große Liebe gefunden, geheiratet oder Familienfeste gefeiert. Alle in Eisenhüttenstadt hoffen, dass dieser Schandfleck, der auch unter Denkmalschutz steht, wieder saniert und sinnvoll genutzt wird. Die städtische Gebäudewirtschaft hat das Lunik gekauft. Jetzt werden Ideen gesammelt, wie das Haus in Zukunft wieder ein Ort der Begegnung werden kann.

»Hütte« hat Zukunft

Valentin Franze ist Eisenhüttenstädter aus Überzeugung. Er ist hier aufgewachsen, dann zum Studium weggegangen, und das vielleicht Überraschendste: Er ist zurückgekommen. In der Stadt gilt er als Rückkehrer. Vielleicht verbindet sich mit seinem Beispiel auch die Hoffnung, dass sich in Zukunft mehr junge Leute bewusst für die Stadt entscheiden.

Dazu muss man wissen, dass Eisenhüttenstadt nach der Wende etwa die Hälfte seiner Bewohner und Bewohnerinnen durch Abwanderung verloren hat. Zurückgeblieben sind überwiegend Ältere und Menschen, die noch einen Arbeitsplatz im Stahlwerk – der einzige Grund, warum es diese Stadt überhaupt gibt – haben.

»Vom Gefühl und vom persönlichen Empfinden her war ich gar nicht richtig weg«, reflektiert Valentin Franze. Nach dem Abitur 2018 ging er nach Greifswald, um Musikwissenschaften und Germanistik zu studieren. »Ich war immer bestrebt, wieder zurückzukommen.« Eigentlich wäre es naheliegender gewesen, einen Industrie- oder Handwerksberuf zu erlernen. »Aber meine Neigungen lagen woanders und ich habe die Fächer studiert, die mich interessierten. Mir war bewusst, dass es mit dieser Fächerkombination nicht leicht sein wird, nach Eisenhüttenstadt zurückzukehren«, so Franze.

Aber warum will man in diese Stadt, aus der alle wegziehen, in der Gebäude abgerissen werden und in der der Verfall nicht zu übersehen ist, zurückkehren? Die Antwort fällt leicht: »Ich bin hier gut in der Kulturszene vernetzt und habe viele Kontakte in der Stadt.« Der 25-Jährige hat während der Schulzeit in der Theater-AG gespielt und war als Gitarrist in der Musikszene aktiv. »An diese Bindungen konnte ich sofort wieder anknüpfen, da nicht alle aus meinem Umfeld Eisenhüttenstadt verlassen haben beziehungsweise einige wiedergekommen sind.«

Franze nennt einen weiteren Grund: »Mir gefällt die Stadt sehr gut. Ich mag ihren Charme.« Er erzählt, dass er das Besondere dieser Stadt schon als Jugendlicher entdeckte und erlebte: »Als ich zur weiterführenden Schule ging, fuhr ich mit dem Fahrrad immer bewusst durch die Grünanlagen der verschiedenen Wohnkomplexe.« Nachdem er ein paar Jahre in Greifswald mit Altstadt und engen Straßen gelebt hat, weiß er heute die Weite und Großzügigkeit dieser Stadt, die am Reißbrett geplant wurde, noch mehr zu schätzen. Für ihn hat Eisenhüttenstadt weit mehr als eine sozialistische Geschichte zu bieten. »Die Stadt lebt. Sie ist kein Museum«, begegnet er eventuellen Vorurteilen. »Die Stadt wurde gebaut, um hier zu leben.« Er sieht die Stadt und das Hüttenwerk als eine Symbiose. »Man hat hier nach dem Krieg die Zukunft gebaut.« Die Stadt ist mit der Industrie gewachsen, und nach der Wende sind beide geschrumpft. Franze glaubt fest daran, dass Eisenhüttenstadt wieder eine Stadt der Zukunft werden kann.

Ihm ist bewusst, dass die Planer ein politisches Ziel verfolgten und die Stadt Ausdruck einer gesellschaftlichen Vision war. Aber viele Grundsätze der Stadtplanung von damals stimmen seiner Meinung nach heute noch. Über die Stadt der Zukunft werde viel diskutiert. »Wie wollen wir leben?« oder »Was brauchen wir, um glücklich zu sein?«, sind aktuelle Fragen, auf die man in Eisenhüttenstadt vielleicht Antworten finden kann. »Kurze Wege, wenig Autoverkehr, große Grünflächen, Schulen und Kindergärten in Wohnnähe, das alles wurde hier schon vor 70 Jahren umgesetzt.«

Dem Vorurteil, dass in Eisenhüttenstadt nichts los sei, begegnet er vehement. »Es ist eine lebenswerte Stadt mit vielen Vereinen und einem großen Angebot an Veranstaltungen, zum Beispiel im Theater oder auf der Freilichtbühne.« Er erzählt von einer Initiative, das Zentrum des Wohnkomplexes V aus den 60er Jahren wiederzuentdecken. Der »Platz der Jugend«, zu dem einst Schule, Gaststätte und Nahversorgungseinrichtungen gehörten, wirkt verlassen und öde. »Stadtbrache« nennen ihn Architekten. Unter dem Motto »Auf den Platz, fertig, los!« sollen eine Ausstellung, verschiedene Aktionen, Workshops und Kulturangebote vielfältige Begegnungen schaffen. Ziel ist es, neue Perspektiven für den Wohnkomplex und die Stadt zu entwickeln. Franze schwärmt von einer großen Gemeinschaftsaktion, einem Subbotnik, der Eisenhüttenstädter, um das Wohnkomplexzentrum aufzuräumen und den Weg für Neues freizumachen.

Nach seinem Studium hat Franze in einer Lokalredaktion in Frankfurt (Oder) gearbeitet. Seit Januar 2023 ist er Pressesprecher der Stadt Eisenhüttenstadt, seit April lebt er wieder dort. Besser hätte es für ihn nicht laufen können. Seine Begeisterung für seine Heimatstadt kann er nun auch beruflich ausleben und als Rückkehrer neue Perspektiven für junge Leute in »Hütte« entwickeln. Als Sprachrohr der Stadt gestaltet er ihre Zukunft mit.

Tourismus im »Schwarzen Dreieck«

Mark Keck-Szajbel lebt im östlichen Brandenburg: »In the middle of nowhere, dort wo ich in Amerika auch gelebt habe«, lacht der 44-Jährige. »Ich komme aus Kansas.« Heute lehrt und forscht er als promovierter Historiker und Philologe an der Europa-Universität Viadrina in Frankfurt (Oder) und lebt damit mitten in seinem Forschungsgebiet: das kulturelle Nachleben der sozialistischen Staaten in Osteuropa.

Mark verbrachte als Austauschschüler ein Jahr im Großraum Hamburg. Weil es billig war, reiste er in dieser Zeit nach Osteuropa. Und damit hatte er sein Lebensthema gefunden: die Geschichte und Kultur Osteuropas, der postsozialistischen Staaten, faszinierte ihn seit dem ersten Moment. Als Jugendlicher las er das Magazin *National Geographic* und erfuhr vom Waldsterben und sauren Regen sowie von den massiven Umweltschäden im »Schwarzen Dreieck« zwischen Wrocław (Breslau), Ústí nad Labem (Aussig) und Eisenhüttenstadt. Dass er sich einmal wissenschaftlich damit beschäftigen wird, wie sich eine Region, die kurz vor dem ökologischen Untergang stand, zu einem touristisch interessanten Gebiet entwickeln könnte, ahnte er damals nicht. Mark studierte in Amerika sowie in mehreren Ländern des ehemaligen Ostblocks und lernte deren Sprachen. »Das reizvolle ist die Transformation dieser Länder mit ihrer vielfältigen Geschichte und Kultur. Man kann immer weiter forschen und noch tiefer in die Materie einsteigen.« An der Viadrina hat er nicht nur wissenschaftlich sein Lebensthema gefunden, sondern auch seine Wahlheimat – ein kleiner Ort zwischen Eisenhüttenstadt und Frankfurt (Oder) – eben *in the middle of nowhere*. »Mehr als die Hälfte meines Lebens habe ich mittlerweile in Europa verbracht und schon mehr als zehn Jahre an der Oder«, so der 44-Jährige.

Mark Keck-Szajbel im Depot des Museums Utopie und Alltag in Eisenhüttenstadt.

»Ich mag die Dynamik in dieser Region. Man reist in alle Richtungen, man fährt in alle Richtungen zum Arbeiten, und ich genieße die grenzenlosen Freizeitmöglichkeiten.« Auch sein Alltag ist von der grenzenlosen Region an der Oder geprägt. »Morgens beim Frühstück sprechen meine Familie und ich drei Sprachen: Englisch, Polnisch und Deutsch.«

Mark ist leidenschaftlicher Mountainbiker und Outdoorsportler. In der Nähe von Eisenhüttenstadt nutzt er einen ehemaligen Skihang mit Lift für seinen Sport. »Solche ehemaligen Skilifte sind im ostdeutschen Flachland keine Seltenheit.« Aber warum hat man sie überhaupt gebaut, wo es in dieser Region doch nur wenig Schnee gibt? Das ist eine der vielen Fragen, die ihn als Wissenschaftler interessiert. »Im Kapitalismus hätte man solche Anlagen nicht gebaut, da man erst nach der Rendite fragt. Aber die Schwerindustrie als wichtigster Wirtschaftszweig im Sozialismus brauchte Arbeitskräfte. Um diese anzulocken, dachte man weniger über Geld nach, sondern baute in den 50er und 60er Jahren Sportarenen,

Theater oder Freizeiteinrichtungen.« Die Region litt dann unter massiven Umweltzerstörungen, der Klimawandel machte sich bemerkbar, und es gab immer weniger Schnee. Nach den großen Strukturveränderungen 1989 verlor das Gebiet zunächst an Bedeutung, Menschen wanderten ab und entwickelten andere Freizeitinteressen. »Aber diese Einrichtungen gibt es nach wie vor. Und was wir heute teilweise als touristische Attraktionen nutzen, hatte seinen Anfang im Sozialismus. Viele Mountainbike-Parks im Schwarzen Dreieck sind Nachnutzungen der sozialistischen Freizeitinfrastruktur«, erklärt Mark.

Weitere Überbleibsel des Sozialismus, die heute touristisch genutzt werden, sind für ihn auch die vielen Seen, die in ehemaligen Tagebaulöchern entstanden oder noch entstehen. Das Gebiet lockt Wander*innen und Radfahrer*innen mit abwechslungsreicher Natur. Mark kann seine Leidenschaft als Outdoorsportler und sein wissenschaftliches Interesse verbinden. Im Moment untersucht und dokumentiert er die Transformation der postindustriellen Landschaft zwischen Riesengebirge und Lausitz, die von wirtschaftlichem, ökologischem und sozialem Niedergang geprägt ist, zu einer naturfreundlichen Tourismusregion. Kurz gesagt: «The Transformation of the Black Triangle from Wasteland to Tourist Mecca«.

Neue Stadtmitte statt Grenze?

»Frankfurt (Oder) Słubice – Ohne Grenzen – Bez granic«, so heißt es in dem Logo, auf das sich die Doppelstadt bereits vor über zehn Jahren geeinigt hat. Dieses Motto mit Leben zu erfüllen und schrittweise umzusetzen hat sich Sören Bollmann, Leiter des städtischen Frankfurt-Slubicer Kooperationszentrums, zur Aufgabe gemacht. Eine Lebensaufgabe.

»Wir haben viel erreicht«, so Bollmann. Er zählt auf: eine grenzüberschreitende Buslinie, ein gemeinsames Fernwärmenetz, eine deutsch-polnische Touristinformation, Schiffsverbindungen über die Oder, zweisprachige Kitas und Schulklassen sowie die Europa-Universität Viadrina und das Collegium Polonicum mit Studierenden aus über hundert Ländern. »Es könnte natürlich immer mehr sein, und es könnte auch schneller gehen.« Die Kooperation der beiden Städte läuft auf allen Ebenen – egal ob Senioren, Schulen oder Kultur. »Und wir sind immer dabei, um anzustoßen oder zu vermitteln.«

Dass sich beide Städte vor über zehn Jahren darauf einigen konnten, ein gemeinsames Büro für die Kooperation und Belange der Doppelstadt einzurichten, wertet Bollmann als klares Bekenntnis für das Zusammenwachsen beider Städte. »Ich arbeite täglich mit meinen polnischen Kolleginnen und Kollegen zusammen, aber noch gibt es rechtlich zwei Kooperationszentren, also ein polnisches und ein deutsches. Wir planen nach europäischem Gesellschaftsrecht, einen ›Europäischen Verbund für territoriale Zusammenarbeit‹ zu gründen. Eine gemeinsame Rechtsform würde die Zusammenarbeit in vielen Bereichen vereinfachen.«

»Es gibt nur wenige Menschen, die die offenen Grenzen nicht schätzen«, ist sich Bollmann sicher. Wie eng die Verflechtungen zwischen den beiden Städten wirklich sind, habe sich während der Coronapandemie gezeigt, als die Grenzen über Wochen geschlossen wurden. »Für Arbeitnehmer, Schüler, Studierende, Familien und Unternehmen war das eine

Gegenüber: Mark Keck-Szajbel während einer Exkursion mit Studierenden auf der Brücke über die Neiße in der Doppelstadt Görlitz-Zgorzelec.

Katastrophe.« Aufgrund der unterschiedlichen Lebensverhältnisse in Polen und Deutschland findet ein reger Austausch zwischen beiden Städten statt. Aus Polen kommen die Menschen nach Deutschland zum Arbeiten. Deutsche fahren zum Tanken und Einkaufen über die Stadtbrücke. Aber auch Polen kommen zum Restaurantbesuch und zum Einkaufen nach Frankfurt. Kinder und Jugendliche besuchen Schulen und Kitas auf der jeweils anderen Seite. Familien und Freunde treffen sich – mal da, mal dort. Auf der Stadtbrücke ist also immer was los.

Einen gemeinsamen grenzüberschreitenden Stadtraum zu entwickeln ist für Bollmann der nächste große Schritt. »Wir müssen beide Innenstädte als eine Einheit sehen und denken.« Menschen einer Stadt halten sich in der Regel gerne an ihrem Fluss auf. Das ist in der Doppelstadt Frankfurt/Słubice nicht anders. Auf beiden Seiten laden Promenaden, Sitzbänke, Cafés und Restaurants ein. Aber der Fluss ist zugleich eine Landes-, Sprach- und Währungsgrenze. »Eigentlich könnte die Brücke über die Oder für beide Städte der schönste Ort sein, aber gleichzeitig ist er ein großer Transitbereich für Autos«, so Bollmann. »Also müssen wir auch den Verkehr mitdenken und überlegen, wie wir ihn aus der Innenstadt bekommen und umleiten.«

Zu Bollmanns Aufgaben in der Stadtverwaltung gehört es auch, ein Netzwerk zu anderen Doppelstädten in Europa, beispielsweise an der finnisch-schwedischen, deutsch-französischen, polnisch-tschechischen oder an der italienisch-slowenischen Grenze aufzubauen und zu pflegen. »Dieser Erfahrungsaustausch ist für uns sehr wichtig und hilfreich, denn die Probleme und Herausforderungen sind überall ähnlich.« Er erzählt von Treffen und Exkursionen in die verschiedenen Doppelstädte. »Wir kommen immer mit Ideen für Frankfurt/Słubice zurück und geben auch umgekehrt Impulse an andere Städte.«

Der Psychologe, der aus dem Ruhrgebiet stammt, hat sich vor 23 Jahren bewusst für die damalige Grenz- und heutige Doppelstadt als Lebens- und Arbeitsraum entschieden – nach Stationen in Brüssel, Nordfrankreich, Berlin und Poznań. Zunächst hat er sich gemeinsam mit seiner Frau mit Beratung und Coaching für deutsch-polnische Angelegenheiten selbstständig gemacht. Seine Frau leitet das Unternehmen, während er im Auftrag der Stadt immer mehr Verbindungen zwischen den Städten knüpft.

Bollmann hofft, dass Zwei- und Dreisprachigkeit in Zukunft in der Doppelstadt noch selbstverständlicher werden. »Mit einem internationalen

Image könnten wir auch noch mehr internationale Familien und Unternehmen hierherlocken, die Frankfurt/Słubice so dringend braucht.« Für Bollmann ist die Doppelstadt »ein kleines liebenswertes Europa«. Als Krimiautor hat er die Stadt auch zum Schauplatz seiner Bücher werden lassen. Und in seinem neuen Roman »Himmel über Europa« treffen sieben Europäer aus sieben verschiedenen Ländern in Brüssel aufeinander. Bollmann ist ein überzeugter Europäer in Frankfurt (Oder), der Frankfurt und Słubice als Einheit denkt – ohne Grenzen – bez granic.

Frankfurt (Oder) 27

Bilinguale Schülertandems

Polnisch als Schulfach hat am Karl-Liebknecht-Gymnasium in Frankfurt (Oder) eine lange Tradition. »Seit 1958 wird Polnisch als dritte Fremdsprache angeboten«, so Schulleiter Torsten Kleefeld. »Frankfurt ist durch die Grenzziehung nach dem Zweiten Weltkrieg eine geteilte Stadt, sodass Polen und die polnische Sprache immer eine Rolle spielten.« Heute lernt mindestens ein Drittel der etwa 850 Schüler und Schülerinnen Polnisch auf verschiedenen Niveaustufen.

Durch persönliche Kontakte der Polnischlehrer gab es bereits in den 1960er Jahren Begegnungen von deutschen und polnischen Lehrkräften und Schülern. Es folgten Ferienlager in Polen, in denen deutsche Lehrkräfte polnischen Kindern erste Erfahrungen mit der deutschen Sprache ermöglichten. Später konnten auch ausgewählte Schüler der damaligen Erweiterten Oberschule Karl-Liebknecht an den Ferienlagern teilnehmen, sodass diese sich immer mehr zu zweisprachigen Sommercamps entwickelten. »Das war auch der Grund, warum die Karl-Liebknecht-Schule 1973 als erste Schule in der DDR UNESCO-Projektschule wurde«, erklärt der Schulleiter stolz. Hintergrund war die Aufnahme der BRD und der DDR in die UN im September 1973. »Zu dieser Zeit war es etwas Besonderes, dass eine Schule in der DDR engere Kontakte mit Polen pflegte als mit der Sowjetunion.«

In den 1980er Jahren gab es aufgrund der geschlossenen Grenze zu Polen keine Sommercamps mehr, aber laut Kleefeld bemühten sich die Lehrkräfte weiterhin, die Kontakte zu polnischen Kollegen so gut wie möglich aufrecht zu erhalten. Nach der politischen Wende wurde die Oberschule Karl-Liebknecht das erste städtische Gymnasium und nahm die polnische Sprache ins Schulprofil auf. Seit 1992 gibt es mindestens eine Klasse in jedem Jahrgang mit Polnisch als zweiter Fremdsprache. Außerdem können seitdem jedes Jahr bis zu 26 Schüler und Schülerinnen aus Polen die Schule besuchen. Dafür gibt es ein Bewerbungs- und Auswahlverfahren. »Das wurde und wird sehr gut angenommen«, so der Schulleiter.

Der Schwerpunkt »Austausch mit Polen und polnische Sprache« wird seitdem kontinuierlich ausgebaut. Der Koordinator für die polnischen Projekte, Friedemann Graf, erläutert, dass es mittlerweile drei Klassen pro Jahrgang gibt, die Polnisch auf verschiedenen Niveaustufen lernen. »In Frankfurt leben immer mehr bilinguale Familien. Es gibt deshalb viele Kinder, die mit guten Vorkenntnissen in die Schule kommen.« Manche können die Sprache nur sprechen, andere auch schreiben. »Darauf mussten wir reagieren, sodass es jetzt Lerngruppen für Anfänger, Fortgeschrittene und Experten gibt.«

Um die polnische Sprache noch weiter zu fördern, initiiert die Schule immer wieder neue Projekte. »Hier muss man nur über die Brücke der Doppelstadt gehen, und schon kann man die Sprache anwenden, die man in der Schule lernt. Eine bessere Möglichkeit, eine Fremdsprache zu lernen, gibt es fast nicht«, beschreibt Graf die Chancen. So kam die Idee, Schüler aus beiden Ländern regelmäßig gemeinsam zu unterrichten. Einmal wöchentlich gehen die Hälfte einer polnischen Klasse und die Hälfte einer deutschen Klasse in die jeweils andere Schule, um bilingual in deutsch-polnischen Schülertandems zu lernen. Die Schülertandems lernen im 14-tägigen Wechsel in Frankfurt (Oder) und Słubice. Der Unterrichtsort bestimmt die jeweilige Unterrichtssprache. »Für uns Lehrkräfte ist das ein großer Aufwand, da es keine Lehrpläne für dieses Modell gibt. Wir sprechen uns genau ab, was in den bilingualen Stunden vermittelt wird, damit es zu dem Lernstoff beider Länder passt«, erklärt Graf. »Aber es lohnt sich. Die Motivation, die Sprache zu lernen, steigt. Es entstehen Freundschaften über die Oder hinweg, und die Jugendlichen erwerben Sprach- und Kulturkompetenzen.«

Die Nachfrage nach Auszubildenden und Arbeitskräften mit guten Deutsch- und Polnischkenntnissen ist groß. Kleefeld berichtet von regelmäßiger Berufswerbung der Bundespolizei und des Zolls, aber auch von der Wirtschaft in den Polnischklassen.

Schulleiter Torsten Kleefeld (links) und Friedemann Graf, Koordinator für polnische Projekte.

Alle zwei Jahre finden an dem städtischen Gymnasium in dem denkmalgeschützten Gebäude die sogenannten UNESCO-Projekttage statt. Im Mittelpunkt stehen globale Themen wie Nachhaltigkeit, fairer Handel, die Lebenssituation von Jugendlichen auf verschiedenen Kontinenten. »Wir pflegen Partnerschaften und organisieren Austausche nicht nur in Europa, sondern auch in Südafrika und Ägypten«, sagt Kleefeld. »Regelmäßig gibt es Spendenaktionen für verschiedene Hilfsprojekte weltweit. Begegnungen von Schülern und Schülerinnen aus unterschiedlichen Kulturkreisen zu ermöglichen ist die größte Nachhaltigkeit, die wir als Schule leisten können«, weiß Kleefeld aus Erfahrung. Das fängt im benachbarten Słubice an und geht über verschiedene europäische Länder bis nach Afrika.

SORRY

Die Skulptur aus etwa drei Meter hohen Betonelementen, die mit spitzen Glasscherben gespickt ist, erinnert an eine Grenzmauer. Von oben betrachtet bilden die Elemente das Wort »Sorry«. Constance Krüger und René Pachmann haben sich dafür eingesetzt, dass die Skulptur der polnischen Künstlerin Joanna Rajkowska nach Frankfurt (Oder) in den öffentlichen Raum kommt. Von Juni bis Oktober 2023 steht sie an der Oderpromenade direkt neben der Stadtbrücke, die Deutschland und Polen verbindet.

Das Paar hat sich gemeinsam für das Projekt stark gemacht – jeder mit seinem eigenen beruflichen Hintergrund: Krüger ist Kulturkoordinatorin für die Europa-Universität Viadrina und die Stadt. Pachmann arbeitet als Hochschulseelsorger an der Viadrina. »Es gibt hier keine Hochschulgemeinde, da die Uni klein und jung ist und ein Großteil der Studierenden und der Mitarbeitenden einpendelt. Deshalb initiiere ich Projekte und suche Kooperationspartner*innen, um mit der Stadtgesellschaft und den Studierenden ins Gespräch zu kommen. Da bietet die Skulptur viele Möglichkeiten.« Beide wollten unbedingt, dass die 25 Tonnen schwere Skulptur nach Frankfurt kommt, also suchten sie einen Projektträger sowie Sponsoren und warben für Fördermittel. Es hat geklappt, die Skulptur steht und sorgt für kontroverse Diskussionen in der Stadt.

»Sorry« steht dabei für das oft leichthin gesagte Wort einer lapidaren Entschuldigung: kann ja mal passieren. »Oft ist dieses Sorry aber nicht wirklich ernst gemeint, sondern eher eine Ausrede, so weiterzumachen wie bisher«, erklärt Krüger. »Das Konzept der Skulptur aus Mauerelementen und Sorry ist einerseits so simpel und doch so komplex«, philosophiert Pachmann.

Entstanden ist die Idee für das Kunstwerk, das zunächst in Poznań stand, 2021, als Geflüchtete aus dem Nahen Osten monatelang an der polnisch-belarussischen Grenze hausen mussten. Laut Künstlerin kann

die Skulptur immer wieder in einen anderen Kontext gestellt werden. Für sie ist Frankfurt ein idealer Standort, um das Thema Oder in den Mittelpunkt zu stellen. »Aber die Skulptur ist auch auf alle anderen Sorry-Themen anwendbar«, findet Krüger.

»Wir bieten rund um die Skulptur viele Veranstaltungen an, um Diskussionen in der Stadt anzuregen«, erklärt Pachmann. So tragen zum Beispiel Geflüchtete aus der Ukraine persönliche Geschichten vor. Die Initiative »Students for Climate Justice« nutzte die Skulptur unter dem Motto »Sorry, Oder«, um auf das Thema »Müll im öffentlichen Raum« aufmerksam zu machen. Die Skulptur wurde vorübergehend zur Installation zu und mit Müll aus Plastikfolien, Getränkekartons und Dosen. Eine Performance setzt sich mit Russlands Krieg gegen die Ukraine und den Montagsdemonstrationen auseinander. Laut Pachmann ist auch eine Demo zum Racial Profiling bei Grenzkontrollen geplant.

»Es soll ein Ort sein, an dem sich Menschen und Organisationen mit Problemen der Stadt auseinandersetzen können«, so Krüger. »Die Skulptur soll auffordern, miteinander kontrovers ins Gespräch zu kommen.« Krüger plant auch ein Strickprojekt rund um die Skulptur, dadurch könnten wieder andere Gruppen auf »Sorry« aufmerksam werden. »Es ist schwierig, Menschen, die gegenüber der Skulptur eine ablehnende Haltung haben, hierher zu bekommen. Bestenfalls schaffen wir hier einen Ort, an dem sich Menschen immer wieder mit unter-

schiedlichen Themen aus unterschiedlichen Perspektiven auseinandersetzen können.«

Zur Debatte steht auch die Frage: »Was will Kunst im öffentlichen Raum?« Hier ist die Antwort klar: »Sie will zur Diskussion anregen.« Krüger zeigt auf eine Bronzefigur »Mutter und Kind« in unmittelbarer Nähe. Gerade angesichts der vielen Skulpturen aus der DDR-Zeit im öffentlichen Raum setzt dieses »Denkmal für die Irrwege und kollektiven Fehler der Menschheit« einen Kontrapunkt, wie die Künstlerin selbst ihr Werk interpretiert.

Wer »Sorry« richtig erfassen will, muss die Perspektive wechseln und auf die Brücke zwischen Frankfurt und Słubice gehen. Erst von oben ist das Wort »Sorry« zu erkennen. Im Hintergrund stehen Fahrzeuge und Mitarbeitende der Bundespolizei und kontrollieren stichprobenartig Personen. Daneben wirbt die Doppelstadt mit einem großen Schild »Ohne Grenzen«. Somit hat die Skulptur für Krüger und Pachmann auch eine deutsch-polnische Dimension: Eine polnische Künstlerin mit starken politischen Positionen zeigt ihre Arbeit in Deutschland direkt an dem grenzenlosen Naturraum an der Oder in unmittelbarer Nähe zu Grenzkontrollen.

Frankfurt (Oder) **29**

Mit Leidenschaft für die Oder als gemeinsamer Grenzfluss

Sahra Damus ist Mitglied des Landtags Brandenburg und der Stadtverordnetenversammlung von Frankfurt (Oder) für Bündnis 90/Die Grünen. Sie steckt gerade mitten in ihrer Sommertour unter dem Motto »Hallo Nachbar*in – Unterwegs zur Nachbarsprache Polnisch und unserem gemeinsamen Grenzfluss Oder.«

»Eines meiner Herzensthemen und mein aktuelles Hauptthema ist die Oder. Es vergeht kein Tag, an dem ich mich nicht mit oder an der Oder beschäftigte. Wir versuchen auf allen Ebenen, den Oderausbau auf polnischer Seite zu stoppen«, so Damus. »Wer behauptet, dass die momentanen Baustellen an der Oder Hochwasserschutz seien, der verbreitet Fake News«, stellt die 41-Jährige klar. Das werde von allen Wissenschaftlern und Wissenschaftlerinnen, die sich intensiv mit dem Fluss auseinandersetzen, bestätigt. »Ich bin besorgt, weil Gerichtsurteile vom obersten polnischen Gericht nicht respektiert werden.« Zum Hintergrund: Nach einer Klage von deutschen und polnischen Umweltverbänden hatte das oberste Verwaltungsgericht in Warschau in letzter Instanz einen Baustopp für den Aus- und Neubau von knapp 200 Buhnen (rechtwinklig zum Flussverlauf vom Ufer zur Flussmitte hin errichteter Damm) an der Oder verhängt und die Gültigkeit der Umweltprüfung ausgesetzt. Doch an der Oder wird weiter gebaut. Die Staatsanwaltschaft hatte sich geweigert, den Baustopp durchzusetzen, sodass die Umweltschutzverbände erneut klagten. Vor wenigen Wochen hat ein Gericht entschieden, dass die Staatsanwaltschaft den Baustopp durchsetzen müsse. »Wir fühlen uns vor Ort so machtlos«, sagt Damus. »Jetzt wird es die nächste Klage geben.«

Damus hofft, dass sich der Oderausbau noch verhindern lässt, indem man die Finanzierung stoppt. Sie spricht von drei Geldgebern: EU, Ent-

wicklungsbank des Europarats und Weltbank. Auf die Gelder der EU hat Polen bereits verzichtet, die Entwicklungsbank hat die Finanzierung gestoppt, und mittlerweile hat auch die Weltbank als größter Geldgeber ihre Kredite für den Oderausbau gesperrt.

Wichtig ist für die Politikerin, nicht nur auf Polen zu schauen. »Auch wir in Deutschland müssen unsere Hausaufgaben machen. Man denke nur an die Werra.« Sie versteht, dass man die salzhaltigen Abwässer aus der Industrie in Flüsse nicht sofort stoppen könne. Aber an der Werra gibt es ein Einleitungsmanagement, das heißt, wenn bestimmte Grenzwerte überschritten werden, kann man zumindest kurzfristig reagieren. »Auf polnischer Seite scheitert es daran, dass die Verursacher nicht offengelegt werden. Wir haben keine offiziellen Daten. Wir wissen nichts über die Genehmigungen, was in die Oder eingeleitet werden darf.«

Damus kritisiert, dass auch von deutscher Seite der Oderausbau weiter vorbereitet wird. Man beruft sich in Deutschland auf das deutsch-polnische Abkommen aus dem Jahr 2015 über die gemeinsame Verbesserung der Situation an den Wasserstraßen im deutsch-polnischen Grenzgebiet. »Wir haben aber nach dem Fischsterben im letzten Jahr eine neue Situation an der Oder und müssen das Abkommen neu verhandeln.« Das wäre Aufgabe des Verkehrsministeriums, da der Fluss als Bundeswasserstraße gilt. Sie stellt klar: »Die Oder ist kein reines Naturschutzthema. Es ist ein komplexes Thema, das Ökologie, Hochwasserschutz, Wasserhaushalt, Verkehr, Wirtschaft und vieles mehr betrifft.« Der engagierten Politikerin ist es wichtig zu betonen, dass die Oder auch in Polen für viele Menschen ein Anliegen ist. »Auch auf polnischer Seite standen die Menschen während des Fischsterbens im letzten Sommer fassungslos am Ufer.«

Über die Oder könnte die Politikerin noch lange reden. Aber: »Ja, Mehrsprachigkeit ist ein anderes wichtiges Thema für mich.« Für sie ist es gut und wichtig, sich während dieser konfliktreichen Diskussion um die Oder zwischendurch auch mit grenzüberschreitenden Themen zu beschäftigen, die durchweg positiv gesehen werden. »Zu Mehrsprachigkeit habe ich schon während und nach meinem Studium an der Viadrina-Universität in Frankfurt (Oder) geforscht. Das Land Brandenburg hat auf meine Initiative hin ein Mehrsprachigkeitskonzept auf den Weg gebracht, in dem es darum geht, dass jede*r EU-Bürger*in neben der Muttersprache möglichst noch zwei weitere Sprachen lernt. Dieses Konzept muss jetzt mit Leben erfüllt werden. Ich wünsche mir, dass möglichst eine Nachbarsprache dabei ist, also hier in der Region das Polnische. Dafür werbe ich auf meiner Sommertour.«

Gerade in Grenznähe habe man die Möglichkeit, schon vor der Schule neben der Muttersprache eine weitere Sprache zu lernen. »Hier geht es nicht um Sprachunterricht, sondern um Immersion, also das Eintauchen in eine fremde Sprache«, erklärt die Kulturwissenschaftlerin. Das könne in der Kita beginnen, indem polnische und deutsche Erzieher*innen gemeinsam in den Einrichtungen arbeiten und jeweils in ihren Muttersprachen mit den Kindern reden. »Ganz nebenbei und spielerisch lernen die Kinder das Wort ›Ball‹ und ›piłka‹ für den gleichen Gegenstand.« Dieser Immersions-Ansatz werde schon in manchen Kitas erfolgreich angewendet. »Aber die Methode könnte noch mehr verbreitet werden.« Damus ist überzeugt, dass früher Sprachenerwerb den Zugang zu weiteren Sprachen erleichtert, und das unabhängig von der späteren Schulform. Auch das Sorbische und Niederdeutsche sowie die Herkunftssprachen von Geflüchteten werden im Konzept der Mehrsprachigkeit berücksichtigt.

Damus stammt aus Brandenburg an der Havel und lebt aus Überzeugung in Frankfurt (Oder). »Ich kümmere mich lieber um eine kleine Stadt in Brandenburg, als mich in Berlin zu engagieren. Hier ist der Bedarf viel größer.« Und die Oder braucht sie als leidenschaftliche Fürsprecherin.

Öko-Dorf sucht Zukunft

Zu DDR-Zeiten sollte das Dorf Wulkow nördlich von Frankfurt (Oder) mit damals rund 150 Einwohnern »leergewohnt« werden. Nach der Wende kam dank einer aktiven Dorfgemeinschaft mit Visionen der Aufschwung. Heute leben hier mehr als 200 Menschen – über ein Viertel mehr als zu Wendezeiten. Jetzt sucht das Dorf nach einer Zukunft.

Schon vor der Wende wurde in Wulkow nicht mehr in die Infrastruktur investiert und die LPG im Ort nicht mehr genutzt. Marianne Schmidt, Bürgermeisterin in Wulkow vor, während und nach der Wende, erinnert sich: »Wir wollten unser Dorf nicht aufgeben und die massive Abwanderung, die Wulkow drohte, nicht akzeptieren. Nach der Wende hatte keiner mehr Arbeit, also haben wir vor Ort Arbeit organisiert.« Man besann sich auf traditionelles Handwerk und bäuerliche Traditionen. »Wir produzierten Gemüse, backten Kuchen und Brot und luden regelmäßig zu Markttagen ein.« Aktive Dorfbewohner hatten die Vision, Wulkow zu einem ökologischen Dorf zu entwickeln und gründeten den Verein »Ökospeicher« mit dem ehemaligen LPG-Getreidespeicher als Zentrum.

In der Folge wurden zahlreiche weitere Projekte realisiert und neue Wege ausprobiert. Wulkow war Modellgemeinde für ökologische Dorfentwicklung in Brandenburg, hatte die erste PV-Anlage in Brandenburg, ist Träger des Deutschen Umweltpreises, war dezentrales Projekt der Expo 2000 und Neulandgewinner. Aber das Wichtigste: Es gab Zuzug, Häuser wurden renoviert, neue Eigenheime und ein größerer Kindergarten gebaut, und es entstanden Arbeitsplätze im Ort.

Der Energieberater Martin Merk hörte in der Schweiz von dem Projekt und besuchte es mit seiner Familie. »Wir erkannten sofort, dass man hier mitgestalten und etwas aufbauen kann.« Also zogen sie 1991 aus der Schweiz nach Wulkow. Martin gründete ein Ingenieurbüro, seine Frau einen landwirtschaftlichen Biobetrieb, es gab eine Schreinerei,

Fischzucht, einen Kindergarten, Kunsthandwerk, Imker und touristische Angebote. »Es wurden damals Leute gesucht, die unternehmerisch aktiv sind, um Arbeitsplätze im ökologischen Bereich zu schaffen«, erinnert sich Martin.

Überregional bekannt wurde das Dorf durch ein an ein Ufo erinnerndes Niedrigenergiehaus, das vom Umweltministerium des Landes Brandenburg gefördert wurde. Zeitgleich stemmten die ansässigen Unternehmen und der Verein den Ausbau des ehemaligen Getreidespeichers auf mehreren Etagen. Interessierte aus der ganzen Welt kamen nach Wulkow, um sich das Modell der ökologischen Dorfentwicklung anzuschauen.

Auch Dieter Krawczynski engagiert sich seit 31 Jahren für Wulkow und den Verein. »Mich hat die Idee fasziniert, nicht in Lethargie zu verfallen, sondern das Dorf und die Gebäude zu retten und das Dorfleben aktiv zu gestalten.« Der 69-Jährige lebt in Frankfurt (Oder), ist aber regelmäßig im Ökospeicher. »Der Verein hat den ehemaligen Getreidespeicher zu einem Gäste-, Seminar- und Veranstaltungshaus umgebaut. Dabei haben vor allem unsere rüstigen Rentner, handwerklich versierte Mitglieder des Vereins, viele Stunden ehrenamtliche Arbeit geleistet.«

Der Verein veranstaltete über viele Jahre internationale Jugendcamps, Workshops zum ökologischen Bauen und Sanieren sowie Lehmbauseminare, errichtete ein Backhaus, organisierte Markttage und Kulturveranstaltungen und baute Netzwerke auf. Der Verein pflegt Kontakte zu zwei Naturschutzverbänden in der polnischen Woiwodschaft Lebus. Auch hier engagiert sich Dieter aufgrund seiner Sprachkenntnisse. »Wenn wir es auf lokaler Ebene nicht schaffen, Freundschaften und Partnerschaften über Grenzen hinweg aufzubauen, wie soll es dann in der großen Politik gelingen?«, begründet er die Zusammenarbeit und den regelmäßigen Austausch mit dem Wiesenmuseum in Owczary und den Naturfreunden in Słońsk.

Martin Merk vor dem ehemaligen Getreidespeicher.

Lesungen, Workshops, Klimawerkstatt, Dorffest, Kinderfest, Markttag, Filmabende, Konzerte – es ist viel los in Wulkow. Jeden Freitag von 10 bis 13 Uhr verkauft Hanne Hiekel im Getreidespeicher ein ausgewähltes Angebot an Bio-Lebensmitteln aus der Region. Mitglieder des Vereins haben einen Schlüssel und können jederzeit einkaufen. »Alles läuft auf Vertrauensbasis«, so die 79-Jährige. Jeder trägt in das Kassenbuch ein, was vom

Regal in den Einkaufskorb wandert. Martin ergänzt: »Es sind insgesamt zirka 60 Schlüssel im Umlauf und es funktioniert seit Jahrzehnten hervorragend. Ein cooles Projekt, das zur Lebensqualität beiträgt.«

Doch wie geht es weiter in dem kleinen Dorf? Diese Frage bewegt den 60-jährigen Martin. »Der Verein ist noch sehr aktiv, aber das Durchschnittsalter der Mitglieder entspricht meinem eigenen.« Alle sind sich einig, dass die Weichen jetzt gestellt werden müssen, damit Wulkow ein Dorf mit Zukunft bleibt. Es braucht junge Leute, die sich für Wulkow engagieren. »So ein ehrenamtlich arbeitendes Gremium, wie wir es jetzt haben, ist für die meisten jungen Leute nicht mehr attraktiv«, weiß Martin. »Lange haben wir unsere Ideen und Visionen kommuniziert, jetzt ist es aus unserer Sicht an der Zeit, dass Menschen kommen, die eigene Ideen entwickeln und umsetzen und auf dem, was hier ist, aufbauen.« Der Verein hat einen Coach beauftragt, den Generationswechsel zu begleiten. »Ich bin überzeugt, dass es Leute gibt, die Ideen haben, was man hier Cooles machen kann. Unterstützungs- und Fördermöglichkeiten gibt es genügend.« Martin ist sich bewusst, dass dieser Generationswechsel auch zu Konflikten führen kann, »aber es wäre tragisch, wenn der klimaneutrale Speicher keine oder eine dem Dorfleben abträgliche Nutzung findet«.

Die Übergabe des Biohofs von Martins Frau an neue Betreiber hat reibungslos funktioniert. »Das gibt mir Hoffnung, dass es mit dem Speicher und dem Verein auch funktionieren kann«, so Martin. Und auch Marianne blickt optimistisch in die Zukunft: »Es gibt keinen Leerstand in Wulkow. Hier leben junge Familien, die sich für das Dorfleben engagieren wollen.«

Wenn Karpfen nach Luft schnappen

Andre Schneider ist Oder-Fischer in der sechsten Generation. »Da der ursprüngliche Betrieb für zwei Brüder mit Familien zu klein war, entschied mein Vater, einen eigenen neuen Betrieb zu gründen.« Andre war 17 Jahre alt, als die Familie nach Kuhbrücke in der Gemeinde Küstriner Vorland zog. Seitdem hat sich viel getan. »Wir sind kein traditioneller Fischereibetrieb mehr, sondern haben den Bereich Tourismus immer mehr ausgebaut.«

Der Betrieb liegt direkt hinter dem Deich, der Oderradweg geht am Haus vorbei, die Oderwiesen laden zum Verweilen ein. Andre und seine Schwester führen heute den Betrieb. Zwei Familien leben, arbeiten und wirtschaften hier gemeinsam. »Wir haben viel aufgebaut – Pension für Angler und Radfahrer, Campingplatz, Gastronomie und einen Fischverkaufswagen«, zeigt sich der 39-Jährige zufrieden. Trotz der Katastrophe im letzten Jahr gibt er sich zuversichtlich, dass es weitergeht. »Es gibt wieder Fische in der Oder, sodass ich hoffe, dass sich der Fluss und die Fischbestände wieder erholen. Im Frühjahr waren alle Oderwiesen überschwemmt, und alle Fische konnten laichen.« Trotzdem fährt Schneider derzeit nicht zum Fischen auf den Fluss. »Wir Berufsfischer haben vereinbart und uns selbst verpflichtet, dass wir warten, bis sich die Fischbestände wieder erholt haben. Vielleicht fahre ich im Herbst wieder raus.« Er ist froh, dass alle Oder-Fischarten wieder nachgewiesen werden konnten. »Die Angler fangen auch schon wieder Fische. Die Fischqualität ist in Ordnung.«

Die Erlebnisse rund um das Fischsterben waren für den gelernten Fischwirt dramatisch. »Ich habe geholfen, tote Fische aus dem Wasser zu holen. Ich saß am Fluss und habe riesige Karpfen gesehen, die mit offenem Maul angeschwommen kamen. Es sah aus, als ob sie um Hilfe

riefen. Die Bilder, die ich vom Fischsterben im Kopf und auf dem Handy habe, machen mich noch heute fassungslos.«

Die Oder ist für ihn nicht nur Lebensgrundlage, sondern auch ein wichtiges Element seiner Freizeit. Er erzählt, dass er jeden Morgen im Fluss schwimmt und Radtouren entlang der Ufer unternimmt. Für einen eventuellen Oderausbau hat er kein Verständnis. »Unser Fluss ist für die Schifffahrt gar nicht geeignet, da es viel zu wenig Wasser gibt. Daran ändert auch ein Ausbau nichts. Lassen wir doch die Oder so, wie sie ist. Sie gehört zu den natürlichsten Flüssen in Europa. Das soll sie auch bleiben.«

Schneider hat schon vor dem großen Fischsterben Fisch beim Großhandel zugekauft – entweder weil die Menge nicht reichte oder weil Gäste auch andere Fischarten wünschten. »Unsere Oderfische sind sehr grätenhaltig. Deshalb bieten wir in unserem Fischimbiss auch immer Alternativen wie zum Beispiel Rotbarsch oder Heilbutt als Meeresfische oder Karpfen aus der Teichwirtschaft in der Uckermark an.« Schneider hofft, dass so ein Fischsterben nicht noch einmal vorkommt, denn er möchte auch in Zukunft als Fischer arbeiten, ab und zu rausfahren und Wels, Zander, Schleie, Blei (Brasse) oder Karpfen fischen. Und die Gäste, die in seiner Pension übernachten oder die Gastronomie am Deich genießen, kommen in erster Linie wegen der Oder. »Mit Beginn des Fischsterbens im letzten Sommer kamen keine Touristen mehr zu uns. In diesem Jahr läuft es wieder.«

»Wir haben in den letzten Jahren hier einige Krisen durchgemacht und überlebt: Corona, die afrikanische Schweinepest und dann das Fischsterben im letzten Jahr. Das brauchen wir nicht mehr. Wir wollen doch nur als Fischer an der Oder für unsere Gäste da sein.«

»Die nächste Katastrophe ist nicht auszuschließen«

»Der Fischbestand in der Oder kann sich in einem Jahr nicht erholen«, so Dr. Christian Wolter von der Abteilung Biologie der Fische, Fischerei und Aquakultur am Berliner Leibniz-Institut für Gewässerökologie und Binnenfischerei (IGB) in einem Telefoninterview. Das IGB ist das bundesweit größte und eines der international führenden Forschungszentren für Binnengewässer.

Die Fortpflanzungsbedingungen für die Fische in der Oder seien 2023 gut gewesen. Es gab lange anhaltendes Hochwasser, sodass die Fische auf den überfluteten Ufern gut laichen konnten und die Fischbrut sehr gute Wachstumsbedingungen fand. »Aber selbst bei guten Bedingungen dauert es zwei bis drei Jahre, bis der Fischbestand wieder hergestellt ist.« Wolter hat eine weitere gute Nachricht: »Bisher wissen wir von keiner Art, die verschwunden ist. Das heißt, alle Fischarten in der Oder, die wir kennen, haben wir wiedergefunden.«

Aber: »Die nächste Katastrophe ist nicht auszuschließen.« Der Fluss steht nach den Beschreibungen des Wissenschaftlers unter ähnlichem Stress wie im letzten Jahr. Er zählt auf: Hitze, hohe Sonneneinstrahlungen, hoher Nährstoffeintrag, niedriger Wasserstand, hohe Wasserverweilzeiten (eine Grundvoraussetzung für gutes Algenwachstum) und hoher Salzgehalt im Wasser. »Wir sind aktuell im gleichen Bereich wie im letzten Jahr.« Der Zusammenhang des hohen Gehalts an Kochsalz (NaCl) und dem Fischsterben überraschte die Wissenschaft im letzten Jahr. Zum Hintergrund: Die Goldalge ist eigentlich eine Brackwasseralge, das heißt, sie lebt in einer Mischung aus Süß- und Salzwasser. Tritt sie in Massen auf, kann sie ein Gift produzieren, das Fische ersticken lässt. Genau das ist im letzten Jahr passiert. »Und die Bedingungen sind so, dass die Alge jederzeit wieder aufblühen könnte.«

Kurzfristig lasse sich da kaum etwas ändern, so der Wissenschaftler. Temperaturen und Sonneneinstrahlung können nicht beeinflusst werden. Auch der Nährstoffeintrag über Landwirtschaft, Haushalte und Kläranlagen könne kurzfristig nicht reduziert werden. »Die Salzeinleitungen sind das Einzige, was man kurzfristig ändern könnte«, so Wolter. Aber egal, ob man Elektrolyse zum Entsalzen des Wassers nutzt oder die Abwässer verdünnt, alle Behandlungsmöglichkeiten sind teuer und aufwendig. Wolter betont, dass diese Salzeinleitungen in Flüsse kein polnisches Thema seien. »Saale und Werra haben eine ähnlich hohe Leitfähigkeit.« Mit der Leitfähigkeit misst man den Ionengehalt des Wassers und somit den Salzgehalt. Allerdings handelt es sich in Werra und Saale nicht um Kochsalz wie in Polen, sondern um Kalisalze. »Ein Glücksfall für deutsche Flüsse – zumindest hinsichtlich der giftproduzierenden Goldalge.«

»Mit der Oderkatastrophe hat man das erste Mal den größeren Zusammenhang zwischen der Leitfähigkeit des Wassers und Fischen hergestellt.« Leitfähigkeiten in dieser Stärke sind für Fische nicht gefährlich. »Die indirekte Gefahr durch die Goldalge stand nicht im Fokus.«

Man sprach im letzten Sommer meistens nur vom Fischsterben. »Aber die Muscheln in der Oder waren in noch viel stärkerem Maß betroffen. Das haben wir an drei Kontrollfeldern im Nationalpark ›Unteres Odertal‹ festgestellt. Wir gehen davon aus, dass sich der Muschelbestand in der Oder deutlich reduziert hat.« Wolters Schlussfolgerung: »Der Fluss ist dadurch noch sensibler gegenüber Belastungen geworden, da Muscheln als effektive Filtrierer für das Ökosystem wichtig sind.« Wie sich die Muschelbestände derzeit erholen, sei nicht bekannt. Klar ist aber, dass Muscheln zur Vermehrung auf einen gesunden Fischbestand angewiesen sind. »Bei guten Bedingungen brauchen Muscheln fünf bis acht Jahre zur Erholung.«

Der geplante und teilweise schon begonnene Oderausbau auf polnischer Seite hat laut Wolter großen Einfluss auf den Fischbestand des Flusses. »Wenn es das Ziel ist, die Sandbänke in der Flussmitte zu homogenisieren, also einzuebnen, dann werden wir Fischarten wie Quappe und Ostseeschnäpel verlieren. Bestände an Stromgründlingen werden deutlich reduziert werden.« Und noch ein Problem sieht Wolter: Durch den Ausbau wird das Wasser schneller abgeleitet, somit werden niedrige Wasserstände früher im Jahr einsetzen und länger anhalten, was zu einer weiteren Entwässerung der umliegenden Landschaft führt. »Es wird Wasser aus der Landschaft abgezogen. Bei der derzeitigen Trockenheit wäre das keine gute Entwicklung.«

33

Treppenstufen als Zeugen einer untergegangenen Stadt

Von der Küstriner Altstadt ist nichts übriggeblieben. Fast nichts. Die barocke Altstadt mit Marktplatz, Kirchen, Renaissanceschloss, engen Gassen mit Wohnhäusern liegt oder lag innerhalb einer Festung auf einer Landzunge an der Mündung der Warthe in die Oder. Die Reichsstraße 1, die wichtigste Ost-West-Verbindung im Deutschen Reich, führte durch diese Stadt. Heute kann man durch die Altstadt über alte Kopfsteinpflaster spazieren, an manchen Stellen sind die Bordsteine und die Gullydeckel noch erhalten. Auch einige Treppenstufen zu den Hauseingängen und Fundamente der Gebäude sind zu erkennen. Von Schloss und Kirche ist jeweils nur ein kleiner Steinhaufen übrig.

Klaus Ahrendt lässt in seinen Führungen die Stadt wieder lebendig werden. Man spaziert mit ihm durch die Rosen- und Apothekergasse, Berliner und Kietzer Straße. Er zeigt Fotos, Pläne und alte Ansichtskarten. Er erzählt Geschichten von Menschen, die diese Stadt über Jahrhunderte geprägt haben. Hätte man Anfang der 90er Jahre die Altstadt bzw. das, was davon übriggeblieben ist, nicht systematisch freigelegt, wäre sie heute in einem dichten Wald komplett verschwunden, überwuchert, begraben. So ist heute zumindest der Grundriss der Stadt zu erleben. Küstrin wurde 1945 bei Kämpfen zwischen deutschen und sowjetischen Soldaten komplett zerstört, Tausende Menschen sind gestorben.

In Küstrin wurde preußische Geschichte geschrieben. In die Stadtführung baut Ahrendt detailliert die Geschichte des Kronprinzen Friedrich, dem späteren Friedrich dem Großen, rund um dessen gescheiterten Fluchtversuch ein. Der junge Friedrich, der sich für Musik und Literatur interessierte, wollte den strengen Erziehungsmethoden seines Vaters, dem Soldatenkönig Friedrich I., entkommen. Die Flucht misslingt. Der Kronprinz kommt in Festungshaft nach Küstrin. Sein Jugendfreund und Mitwisser Hans Hermann von Katte wird zum Tod verurteilt. Als zusätzliche Strafe verlangt der Vater von Friedrich, dass er der Hinrichtung seines besten Freundes vom Fenster aus seiner Zelle zusieht.

Ahrendt interessiert sich seit Jahrzehnten für die Stadtgeschichte. Gebürtig aus Berlin, zog er nach der Wende nach Kostrzyn nad Odrą, lernte Polnisch und knüpfte immer mehr Kontakte in seinem neuen Wohnort. Immer wieder wurde er von deutschen Besuchern und Touristen nach der Geschichte der Stadt gefragt. Er arbeitete sich ein, forschte zur Geschichte der Preußen, ging in Archive, las dort Dokumente und Gerichtsurteile rund um das Drama mit dem Kronprinzen und seinem Freund Katte. Sein neues Wissen veröffentlichte er auf seiner Webseite. »Damit fing der Streit mit der polnischen Stadt Kostrzyn an.« Ahrendt bildete sich als Gästeführer und Reiseleiter weiter. Und irgendwann bot er Führungen durch die ehemalige Altstadt an, die er immer mehr perfektionierte. Das war der Stadt und dem Leiter des Museums Festung Küstrin ein Dorn im Auge. Es folgten mehrere Gerichtsverfahren in mehreren Instanzen in Polen. In allen hat er Recht bekommen. Er darf seine Führungen weiter anbieten.

Ahrendt kennt nicht nur die Geschichte, sondern er weiß auch von Menschen, die immer wieder in ihre Heimatstadt, die sie als Kinder verlassen mussten, zurückkommen. Er erzählt von einer älteren Dame, die regelmäßig in die Stadt kam, eine Bratwurst kaufte, sie aber nicht vor Ort aß, sondern einpacken ließ und weiterging. Eines Tages sprach er sie an: Sie erzählte, dass sie damit in die Küstriner Altstadt ginge und sich auf die Treppenstufen, das einzige, was von ihrem Elternhaus übriggeblieben sei, setzen und dort ihre Wurst essen würde. Eines Tages erinnerte sie sich daran, dass die Familie immer einen Hausschlüssel in einem Loch in der Treppe versteckt hätte. Angeblich fand sie den Schlüssel zu ihrem nicht mehr existierenden Elternhaus.

Klaus Ahrendt möchte die Geschichte der ehemals preußischen Stadt Küstrin, der heutigen polnischen Stadt Kostrzyn nad Odrą, in seinen Füh-

Kościół Farny
Pfarrkirche
Zaułek Kościelny
Kirchengasse

rungen weitererzählen und so die Erinnerung an diese untergegangene Stadt wachhalten.

Kostrzyn nad Odrą liegt auch heute noch an einer wichtigen Verkehrsstraße. Wo sich einst die Festungsanlagen rund um die Altstadt befanden, gibt es heute eine Tankstelle, ein Hotel, Restaurant und Einkaufsmöglichkeiten. Als Erinnerung an ein ehemaliges Zugangstor zur Festung hat man um die Tankstelle ein stilisiertes Tor aus Backsteinen gebaut. Die heutige Stadt Kostrzyn mit knapp 18.000 Einwohnern am gegenüberliegenden Ufer der Warthe wurde auf den Ruinen der ehemaligen Küstriner Neustadt nach dem Krieg neu aufgebaut – teilweise mit Baumaterial aus der Altstadt.

Menschen flanieren durch die ehemalige Altstadt wie durch einen Park. Dort, wo einst Häuser standen, wachsen Bäume und Gestrüpp aus den Grundmauern und Kellerschächten. Der ehemalige Marktplatz ist heute eine riesige wilde Naturfläche. Ein Teil der Befestigungsanlagen zur Oder hin wurde restauriert. Von dort hat man einen wunderbaren Blick auf das Odertal. Schilder mit den alten Straßennamen, ein paar Informationstafeln und die Mauerreste der Marienkirche holen einen wieder zurück: Dies ist kein Park, sondern ein Gedenk- und Erinnerungsort an die katastrophalen Folgen eines brutalen Krieges.

Zwischen Warthe und Oder

Izabella und Jacek Engel leben in der Nähe von Słońsk (Sonnenburg), direkt am Nationalpark Warthemündung (Ujście Warty). Er wurde 2001 gegründet und ist der jüngste Nationalpark Polens. Die beiden Forstwissenschaftler kamen 1982 von Warschau an die Warthe, die bei Kostrzyn (Küstrin), etwa 80 Kilometer östlich von Berlin, in Form eines Binnendeltas in die Oder fließt. Seitdem steht die Natur des Mündungsgebiets im Mittelpunkt ihres Lebens – beruflich, privat und ehrenamtlich.

Iza und Jacek wohnen direkt hinter dem Deich des Überschwemmungsgebiets der Warthe im Haus des ehemaligen Pumpmeisters neben der historischen Pumpstation. Diese stammt aus der Zeit, als man noch versuchte, das Land trockenzulegen und den Fluss zu zähmen. Im Bereich des 8.000 Hektar großen Nationalparks darf sich heute das Wasser wieder ausbreiten und seinen Weg selbst suchen. Unzählige Gräben, Kanäle und Flussläufe verschmelzen mit den Wiesen zu einer Auenlandschaft, die sich je nach Wasserstand ständig verändert und zeitweise komplett überschwemmt ist. Der Nationalpark ist überregional als Refugium für Wasser- und Watvögel bekannt.

Während Iza als Lehrerin für Chemie und Biologie arbeitete, war Jacek als Wissenschaftler für verschiedene polnische Naturschutzorganisationen tätig. Heute ist er ehrenamtlicher Vorsitzender der 2010 gegründeten Greenmind Foundation, ein Zusammenschluss von Wissenschaftler*innen und Expert*innen aus ganz Polen mit dem Schwerpunkt Flüsse und Sumpfgebiete. Bei Bauprojekten kontrolliert die NGO, ob Umweltverträglichkeitsprüfungen korrekt ablaufen. Falls nicht, klagen sie. »Wir kämpfen gegen sinnlose Investitionen«, sagt Jacek. So laufen zum Beispiel Verfahren gegen den Bau von Staudämmen an Weichsel und Wisłoka.

Durch die Katastrophe mit dem Fischsterben sei die Oder in den Fokus gerückt. »Aber es geht nicht nur um die Oder, sondern alle polni-

schen Flüsse sind im schlechten Zustand«, erklärt Jacek. Er stellt auch klar, dass es bei der Oder im Moment nicht um Hochwasserschutz oder Renovierung der vorhandenen Buhnen gehe: »Es werden quasi neue Buhnen, viel größer und höher als die alten, gebaut«, kritisiert der Naturschutzaktivist. »Die polnische Regierung geht immer noch davon aus, dass die Oder schiffbar wie der Rhein werden soll.«

Mit Bedauern stellt er fest, dass Natur- und Umweltschutz im Moment bei keiner politischen Partei in Polen eine Rolle spielt, und auch bei den Wähler*innen kaum. »Es ist schon frustrierend«, gibt er zu, »die Situation für den Naturschutz ist schon lange schlecht, aber sie wird immer schlimmer. Während der PiS-Regierung wurden Genehmigungsverfahren für Großprojekte geändert, sodass wir nicht mal mehr klagen können.« Er ist überzeugt, dass es mehr radikalere Formen des Protests braucht. »Wir haben keine Zeit mehr, auf Veränderungen durch friedlichen Protest zu setzen.«

Iza engagiert sich in der »Gesellschaft der Freunde von Słońsk«. Der Verein möchte das kulturelle Erbe der Region erhalten und den Tourismus, besonders den Naturtourismus, in der Stadt fördern. Um die Warthemündung besser bekannt zu machen, hat der Verein zum Beispiel die »Vogelrepublik« gegründet und stellt dafür Pässe aus. Außerdem hat er spezielle Vogelwanderwege erarbeitet und markiert.

Iza betrachtet die Region an Warthe und Oder auf beiden Seiten der Grenze als einen gemeinsamen historischen Kulturraum. »Hier gibt es so viel zu entdecken – für Deutsche und für Polen, auf deutscher und auf polnischer Seite.« So war sie auch an der Entwicklung einer deutsch-polnischen Geocaching-Route »Mit Theodor Fontane von Park zu Park« beteiligt. Auch Sonnenburg hat einiges zu bieten: Hier wirkte der Johanniterorden und baute Schloss und Kirche. Das Schloss ist heute eine Ruine, aber zumindest gesichert. Die von Karl Friedrich Schinkel im 19. Jahrhundert neu gestaltete Kirche wurde renoviert und ist ein Schmuckstück. Gleich nebenan befindet sich ein kleines Heimatmuseum, an dessen Aufbau Iza mitgewirkt hat. Es zeigt Gegenstände »aus der Zeit der Deutschen«. Auch das ehemalige KZ der Nazis, in dem berühmte politische Gefangene wie Erich Mühsam oder Carl von Ossietzky inhaftiert waren, gehört zur Geschichte von Sonnenburg.

Iza und Jacek leisten selbst einen großen Beitrag, um den Naturtourismus in der Region und vor allem im Nationalpark zu fördern. Die Regale

in ihrem Büro sind voll mit Fachliteratur und Infomaterial. Sie betreiben eine private Touristeninformation und das Büro für Naturtourismus »Dudek« (auf Deutsch Wiedehopf). Sie bieten Gästezimmer und geführte Touren an, verleihen Kajaks, Fahrräder und Ferngläser. »Der Natur- und Kulturtourismus könnte eine große Chance für unsere Region sein«, ist Iza überzeugt. »Aber dafür muss man etwas tun. Das passiert nicht von allein. Wir reisen viel und wissen, was Touristen brauchen.« Die beiden kennen die Warthemündung so gut, dass sie Interessierten immer aktuelle Informationen über Wege, die besten Beobachtungsplätze für Vögel oder Wasserstände geben können.

In ihrer Freizeit genießen Iza und Jacek die Natur um sie herum. Sie sind zu Fuß oder mit dem Fahrrad unterwegs, beobachten Vögel oder machen Geocaching. »Aufgrund der Schwankungen des Wasserstandes verändert sich das Gebiet der Warthemündung fortlaufend. Auch nach 40 Jahren begeistert und überrascht uns dieser Ort immer wieder.«

Owczary **35**

Trockenrasen oberhalb der Oder

Es ist nicht nur der Fluss selbst, der die Landschaft des Odertals prägt. Oberhalb des kleinen Dorfes Owczary, zwischen Kostrzyn nad Odrą und Słubice, erstrecken sich an steilen Hängen etwa 30 Hektar Trockenwiesen. Es sind die größten und wichtigsten Trockenwiesen in Polen. Die Umweltwissenschaftlerin Ewa Drewniak engagiert sich seit mehr als 20 Jahren für den Erhalt dieser Kulturlandschaft und das einzige Wiesenmuseum (Muzeum Łąki) in Polen. »Es ist wichtig, dass jemand dieses Gebiet schützt, und ich kämpfe aus Idealismus für den Erhalt dieser ökologisch wichtigen Flächen.«

Der Klub der Naturforscher (Klub Przyrodników), für den Ewa arbeitet, ist ein Naturschutzverband, der sich nicht nur in der Woiwodschaft Lebus (Lubuskie), sondern in ganz Polen engagiert. In den 1990er Jahren kaufte die Organisation einige Flächen, um sie dauerhaft zu schützen. Außerdem konnte der Naturschutzverband Wohngebäude und Stall der ehemaligen Schäferei in Owczary erwerben. Der Verband richtete eine Herberge sowie das Wiesenmuseum ein und baute eine Naturschutzstation mit einer Herde widerstandsfähiger Heidschnucken auf. »Ich brauche die Schafe, um die Trockenrasen zu erhalten. Die Tiere verhindern, dass sich Gestrüpp und Büsche wieder ausbreiten«, erklärt Ewa. Sie betont jedoch, dass es bei der Schafhaltung nicht um Landwirtschaft, sondern um Landschaftspflege gehe: »Die Schafe machen Naturschutz.«

Trockenrasen brauchen ein warmes Klima und vor allem hohe Bodentemperaturen. Die steppenartige Landschaft entwickelt sich bevorzugt an Südhängen mit nährstoffarmen und wasserdurchlässigen Böden und ist Lebensraum für viele Pflanzen und Tiere. »Das macht diese Flächen so schützenswert, denn sie leisten einen wichtigen Beitrag zu unserer

Artenvielfalt.« Die Trockenrasen begeistern Menschen auch aufgrund ihrer ständig wechselnden Blütenpracht, die schon früh im Jahr beginnt. »Aber diese offene Landschaft ist auch die Heimat vieler Tiere, die nur hier überleben können«, so Ewa. Solche Trockenrasen beherbergen viele seltene Arten, beispielsweise Dutzende von Wildbienenarten, Eidechsen, kleine Schneckenarten und Spinnen. Vögel wie Lerche oder Drossel nisten in den Wiesen, während andere die Sträucher in der Umgebung für ihre Nester nutzen. »Das Museum und die Wiesen sind in ganz Polen bekannt. Deshalb kommen auch viele interessierte Menschen hierher«, freut sich die Aktivistin über das überregionale Interesse. »Trotzdem ist es oft frustrierend, dass wir viel zu wenig Unterstützung von staatlicher Seite für die Arbeit bekommen.«

Die Umweltwissenschaftlerin kümmert sich nicht nur um die Wiesen selbst, sondern sieht die Naturschutzorganisation und das Wiesenmuseum auch als Bildungseinrichtung und Netzwerk für Naturschützer. »Hier lernen interessierte Menschen und Schulklassen viel über die ökologische Bedeutung von Wiesen und Trockenrasen. Es gibt Workshops mit praktischen Tätigkeiten und fachlichem Austausch, aber auch Führungen durch die Hügellandschaft an der Oder.«

Ewa versucht immer wieder, Menschen zusammenzubringen, um Naturschutz, sanften Tourismus und Umweltbildung zu ermöglichen. »Unsere Organisation engagiert sich seit vielen Jahren in großen Naturschutzprojekten – auch zum Schutz von Magerrasen und Mooren – und ist oft als Partner an Großprojekten beteiligt.« Leider findet sie den bürokratischen Aufwand bei der Antragstellung eher abschreckend, sodass sie nur selten eigene Projekte initiiert.

Obwohl ihre Spezialität die Trockenrasen hoch über der Oder sind, setzt sie sich auch für den Schutz des Flusses selbst ein. »Die Oder ist wichtig für die ganze Region.« Es sei nicht nur das Industriesalz, das der Oder Schwierigkeiten bereite – auch die Entwicklung in der Landwirtschaft und die Umwandlung von Wiesen in Ackerland oder Baugebiete seien problematisch, denn dadurch werde das Tal immer trockener. »Wir brauchen sowohl intakte Auenwiesen und Wälder im Odertal, die das Wasser in der Landschaft halten, als auch die Trockenwiesen oberhalb von Owczary mit ihrer einzigartigen Artenvielfalt.«

Das Wiesenmuseum ist kein typisches Museum, es beherbergt derzeit keine Ausstellungsstücke, sondern fungiert eher als ein Bildungsraum mit einem offenen Gelände inklusive Naturlehrpfad. »Mein Museum ist die Wiese selbst«, sagt die Naturschützerin. »Hier kann die Natur aus erster Hand beobachtet werden.« Aber jetzt muss sie gehen, die Teilnehmenden eines Workshops warten bereits auf ihr Wissen.

Save Oder Die

Es ist Mitte Juli, es ist heiß und trocken. Einige Gäste entspannen sich im Schatten, andere genießen frisch zubereiteten Palatschinken mit frischen Erdbeeren, ein paar Kinder vertreiben sich die Zeit mit den Kaninchen, hier und da wird gewerkelt, die ersten Fahrradfahrer kommen erhitzt an, um ihre Zelte für das Nachtquartier aufzubauen. Steffi Bartel koordiniert freundlich und gelassen alle Wünsche.

Gemeinsam mit ihrem Mann Norbert hat sie vor 19 Jahren den Naturerlebnishof »Uferloos« in Kienitz im Oderbruch gegründet. »Wir hatten öfters schwere Zeiten, aber seit dem Fischsterben im letzten Sommer kämpfen wir ums Überleben – nicht nur wirtschaftlich, sondern auch um unsere Existenz an der Oder.«

»Wir sind beide Flussmenschen«, erläutert Steffi. »Norbert ist hier in Kienitz aufgewachsen, ich an der Spree. Angeln, Kanufahren und Baden im Fluss gehörten zu unserer Kindheit.« Die beiden wollten zurück an den Fluss. Als Landschaftsplaner und ausgebildete Natur- und Wildnispädagogen kauften sie ein Loose-Gehöft mit zwei Hektar Land direkt am Deich in Kienitz. Steffi erläutert, dass »Loose« eine im Oderbruch übliche Bezeichnung für eine außerhalb der Ortsgrenzen gelegene Wohnsiedlung ist, die nach der Trockenlegung des Oderbruchs entstand. So nannten sie ihr neues Zuhause »Uferloos«. »Wir gestalteten das Grundstück, pflegten

den alten Baumbestand, legten einen neuen Kräuter- und Beerengarten an, schafften Platz für Zirkuswagen und eine Zeltwiese und einen großen überdachten Treffpunkt als Mittelpunkt. »Das alles war nur mit viel Unterstützung von Freunden und ehrenamtlichen Helfern möglich und weil Norbert einen krisenfesten Job in der Verwaltung in Frankfurt (Oder) hat«, berichtet Steffi.

»Uferloos« ist einerseits ein touristisches Projekt mit Übernachtungsmöglichkeiten, Gastronomie sowie erlebnispädagogischen Angeboten für Gruppen mit Kanu, Fahrrad oder zu Fuß. »Uferloos« setzt sich aber auch aktiv für Naturschutz und für den Erhalt des Oderbruchs ein. Von Anfang an ist der Naturerlebnishof Infopunkt des BUND. Die politische Arbeit hat im letzten Sommer eine neue Dimension bekommen. »Während des Fischsterbens haben wir mit Freunden, Gästen und Partnern die Bürgerinitiative ›Save Oder Die‹ gegründet.« Die 55-Jährige erzählt von künstlerischen Aktionen anlässlich der Katastrophe und zeigt eindrucksvolle Fotos. »Mit roten Scheinwerfern haben wir das Wasser und tote Fische blutrot angeleuchtet. Es gab Theater am Fluss. Wir haben eine große Aktion entlang des Flusses länderübergreifend von der

Quelle bis zur Mündung organisiert: Zu einem bestimmten Zeitpunkt wurden die Menschen aufgefordert, am Fluss Musik zu machen.«

Steffi sieht auch einen positiven Effekt in der Katastrophe des letzten Sommers: Die Oder und ihr geplanter Ausbau sind mehr in den Fokus gerückt. Umweltverbände haben einander besser kennengelernt und arbeiten jetzt intensiv zusammen. »Unsere Bürgerinitiative ›Save Oder Die‹ lädt alle zwei Wochen zu Strategiesitzungen ein. Da trifft sich geballte Energie und auch viel Fachwissen.« Steffi freut sich, dass auch Umweltschützer aus Polen in dem Netzwerk mitmachen, auch wenn die Zusammenarbeit aufgrund von Sprachproblemen nicht immer einfach ist.

Wie geht es weiter? »Noch gehe ich jeden Tag im Fluss baden. Das mache ich, so lange keine toten Fische zu sehen sind.« Steffi beobachtet, dass zwar die Fische zurückgekommen sind, aber dass es deutlich weniger Muscheln gibt. Niemand hofft, dass sich diese Katastrophe wiederholt, aber es herrschen die gleichen Bedingungen wie im letzten Jahr: hoher Salzgehalt im Wasser, Hitze und wenig Wasser im Fluss. »Wir überlegen, mit welcher Aktion wir auf eine zweite Katastrophe reagieren könnten und hoffen gleichzeitig, dass das nicht nötig sein wird.«

Gozdowice **37**

Zwischen Bienen und den Weltmeeren

Vor dem hübschen Haus in dem kleinen Dorf Gozdowice im Odertal stehen auf einem kleinen Tisch Gläser mit verschiedenen Honigsorten – aus verschiedenen Blüten, cremig, flüssig, aber auch in verschiedenen Farben. Es handelt sich um Honig, der mit Johannisbeeren oder Himbeeren angereichert ist. Bienen und Honig haben in der Familie Atroszko eine lange Tradition. Heute führen Jacek und seine Frau Marta den Betrieb in der dritten Generation.

Marta und Jacek haben sich beim Segeln kennengelernt. Jacek ist Berufssegler und Marta passionierte Hobbyseglerin. Gemeinsam sind sie über die Weltmeere gesegelt und auf Motorrädern durch Südamerika gereist. »Eine Zeit, in der wir über unseren Wohlstand und unser Leben nachdachten«, erzählt Marta. »Wir wollten ein einfaches Leben, weg aus der Großstadt, und vor allem gemeinsame Zeit haben.« Gozdowice, das Elternhaus von Jacek, wurde ihr neues Zuhause – etwa 200 Meter von der Oder entfernt. Hier leben sie seit sieben Jahren mit ihren zwei Kindern. Der Blick vom Wohnzimmer und von der Terrasse ist atemberaubend: saftiges Grün, das scheinbar direkt in die Oder übergeht. Noch ist die Terrasse im Bau, »aber es wird die schönste Terrasse«, verspricht Jacek.

Die Arbeitsteilung ist klar geregelt: Jacek kümmert sich um die 150 Bienenstöcke und die Produktion der verschiedenen Honigsorten nach alter Tradition. Das hat er schon als Kind von seinem Vater und Opa gelernt. Marta macht alles, damit der Honig auch bei den Kunden landet: Verkauf an der Tür, Online-Shop, Webseite, Instagram, Werbung und Pakete für internationale Kunden packen. »Ich habe Angst vor Bienen und reagiere allergisch auf Bienenstiche«, erklärt sie die Arbeitsteilung.

TradycjaMiodu
MIÓD FACELIOWY

TradycjaMiodu.pl

hönig
honey
Tu kupisz

Gegründet wurde die Imkerei 1938 von Władysław Atroszko in der Nähe von Vilnius (heute Litauen). Nach dem Zweiten Weltkrieg zog er in die »wiedergewonnenen Gebiete« in Westpommern in die historische Neumark. Hier baute er wieder eine Imkerei auf – zunächst mit selbst gefangenen Wildbienen. Im Laufe der letzten Jahrzehnte hat sich die Imkerei einen Namen in der Region gemacht. »Zum Honigkaufen kommt man nach Gozdowice«, sagt Jacek selbstbewusst. »Wir haben viele Kunden aus Polen und aus Deutschland, die einmal im Jahr zu uns kommen und ihren Jahresvorrat kaufen«, ergänzt Marta. Der kleine Selbstbedienungsstand vor der Haustür sei wichtig, damit die Menschen sie kennenlernen. »Viele kommen dann wieder, um nachzukaufen oder bestellen online. Selbst nach England verkaufen wir Honig.« Je nach Saison, Wetter und Gesundheit der Bienen produziert die Imkerei an der Oder zwischen 3.500 und 5.000 Kilogramm pro Jahr. »Trotzdem wird noch nach alter Tradition gearbeitet«, versichert Jacek. »Allerdings versuchen wir unser Angebot immer zu erweitern«, ergänzt Marta. Als Beispiel nennt sie den Fruchthonig, der mit gefriergetrockneten Früchten, Ingwer oder Zimt gemischt wird. Jacek ist besonders stolz auf das Bienenbrot. »Dieser fermentierte Blütenpollen ist absolutes Superfood.«

Jacek kennt seine Bienenvölker sehr genau. »Das hier ist ein friedliches Volk«, sagt er, während er den Bienenstock öffnet und die Waben in einem Holzrahmen zur Kontrolle herausholt. Sicherheitshalber benutzt er zusätzlich einen Smoker. Das Gerät erzeugt Rauch, der die Bienen beruhigt und Jacek die Arbeit am Bienenvolk erleichtert. Die Tiere krabbeln ruhig auf den Waben und den Holzrahmen. Dabei überwacht Jacek regelmäßig die Gesundheit und den Zustand der Bienenvölker sowie die Anzahl der Larven und jungen Bienen.

Die Familie weiß das Haus, das um 1900 erbaut wurde, zu schätzen. Alles, was noch an Vorkriegsinventar im Haus war, haben sie hergerichtet. Marta zeigt ein hölzernes Wandeckregal, in dem Honig und Accessoires dekoriert sind. »Das war der Verkaufs- und Präsentiertisch der Samenhandlung, die bis 1945 im Haus untergebracht war.« Was heute wie Regalbretter anmutet, waren einst die Trennwände für die einzelnen Samensorten, die früher lose verkauft wurden. »Wir sind vielleicht die letzte Generation, die sich mit der Vorkriegsgeschichte, also mit der deutschen Geschichte in der Region beschäftigt«, mutmaßt Marta. In Gozdowice lebten vor einhundert Jahren über 1.000 Einwohner (heute sind es etwa 100). Es war ein beliebtes Ausflugsziel für Berliner und ein anerkannter Luftkurort mit Badestrand, erzählt Marta. Gebäude, die nach dem Krieg noch in Gozdowice standen, wurden abgerissen und die Steine zum Wiederaufbau nach Warschau transportiert.

Von dem kleinen Dorf fährt eine Fähre über die Oder nach Deutschland. »Wir genießen das sehr und machen öfters mal einen Ausflug zum Pizzaessen oder zu einer Kulturveranstaltung auf westlicher Oderseite.« Marta sieht die vielen Grenzpendler, die in Deutschland arbeiten und gutes Geld verdienen. Aber Deutschland ist für sie nur Arbeitsplatz und vielleicht noch Einkaufsort. »Für gemeinsame Aktivitäten in Deutschland finde ich selten Menschen«, so ihre Erfahrung. Sie selbst war für zweieinhalb Jahre Pendlerin, als sie als Ingenieurin auf der Baustelle der Tesla-Produktionsstätte südlich von Berlin gearbeitet hat. »Ich habe gutes Geld verdient, die Arbeit war gut, aber ich habe das wieder beendet. Zum einen, weil der Arbeitsweg anstrengend war, zum anderen, weil mir die Zeit mit meiner Familie, mit meinen Kindern, für die Imkerei und für mich wichtiger ist.«

Auch nach dem Umzug an die Oder ist die Leidenschaft fürs Segeln und das Interesse an fremden Ländern geblieben. »Das ist jetzt unser Familienhobby«, freut sich Jacek. Das eigene Segelboot liegt noch in Danzig im Hafen, soll aber nach Stettin gebracht werden. »Dann können wir auch mal am Wochenende oder für einen Kurzurlaub aufs Meer.«

Lust auf Polnisch?

Sebastian Borchers tourt mit dem PolenMobil quer durch Deutschland, um bei Kindern und Jugendlichen Interesse und Neugier für Polen zu wecken. In Workshops, überwiegend an Schulen, begeistert er Jung und Alt für die polnische Sprache und Kultur, vermittelt ganz nebenbei Landeskunde und polnische Geschichte und diskutiert über Politik oder das deutsch-polnische Verhältnis. Das PolenMobil ist ein Projekt des deutschen Polen-Instituts und der Stiftung für deutsch-polnische Zusammenarbeit, das 2015 aus der Taufe gehoben wurde.

An einem heißen Juliwochenende im Oderbruch sitzen Kinder mit ihren Eltern auf einem großen Landkartenteppich mit Polen und Deutschland im Mittelpunkt. Sie wiederholen immer wieder kleine polnische Dialoge: Cześć! Mam na imię – A ty? (Hallo! Ich heiße – Und du?) Es klappt, und die Kinder sind begeistert. Sie brauchen kaum Hilfe von Natalia Mariankowska, die als Sprachanimateurin die entsprechenden Schilder mit den Sätzen hochhält. Aber die Kinder (und auch die Erwachsenen) sehen ganz nebenbei, wie die Wörter geschrieben werden.

»Bei uns geht Lernen spielerisch«, erklärt Sebastian, Projektkoordinator für das nördliche Deutschland. Inspiriert wurde das Projekt u. a. vom FranceMobil, das schon seit 2002 erfolgreich durch Deutschland tourt. »Wir haben die bewährten Methoden übernommen und die deutsch-polnischen Inhalte für den Einsatz im Polenmobil erarbeitet.« Das Wichtigste sei, dass sie nicht als Lehrkräfte auftreten und keine klassische Unterrichtssituation entsteht. »Wir begeben uns gemeinsam auf Entdeckungsreise in die Sprache, Landeskunde, Kultur und vieles mehr.«

Das Umfeld ist für Sebastian und Natalia besonders: Sie haben einen Stand bei einem Musikfestival im Oderbruch. »Hier sind viele Familien mit Kindern, die vielleicht in den Schulen vom PolenMobil erzählen«, begründet Sebastian das Angebot. Der Stand ist gut besucht. Kinder spie-

len Sprachdominos, die sich selbst erklären. Natalia animiert die Kinder immer wieder, einzelne Worte nachzusprechen, während Sebastian den Eltern geschichtliche Hintergründe zu Polens Position im Krieg Russlands gegen die Ukraine oder zum deutsch-polnischen Verhältnis erläutert.

Sebastian hat Musikwissenschaften und Geschichte studiert. »Meine Begeisterung für Polen und die polnische Sprache hat sich eher zufällig ergeben. Ich beschäftigte mich am Ende meines Studiums mit deutsch-polnischen Musikbeziehungen im 20. Jahrhundert.« Für die Recherche fuhr er nach Warschau, wo er etwa zwei Jahre lang lebte. Vorher besuchte er Lublin, eine Stadt im Osten Polens. »Polen war für mich ein weißer Fleck, und Lublin fühlte sich zuerst so weit weg wie Sibirien an«, blickt er heute zurück. Ab er war sofort begeistert von Land, Sprache und Menschen, sodass er ein halbes Jahr die Sprachschule in Lublin besuchte und Polnisch lernte. Diese Begeisterung gibt er jetzt über das PolenMobil weiter. Natalia, 22 Jahre, ist zweisprachig aufgewachsen und absolviert gerade in Potsdam und Lublin einen deutsch-polnischen Studiengang zu Sprache und Kultur. Für das PolenMobil arbeitet sie neben dem Studium auf Honorarbasis.

Im letzten Jahr fuhr das PolenMobil deutschlandweit zu 183 Einsätzen, bei denen 3.775 Schüler und Schülerinnen in zwei- bis vierstündigen Workshops Polen und die polnische Sprache entdecken konnten. »Inzwischen sind wir so etabliert, dass die Anfragen fast ausschließlich von den Schulen kommen – oft vor Schüleraustauschen mit Polen, aber auch als Ergänzung zum Geschichtsleistungskurs oder im Rahmen von Projekttagen zu Europa, manchmal aber auch nur aus Interesse oder Neugier.«

Sebastian versucht mit dem Vorurteil aufzuräumen, dass Polnisch schwer zu lernen sei. »Wenn man das Alphabet mit 32 Buchstaben und die Aussprache der Buchstabenkombinationen beherrscht, ist die Rechtschreibung schon nicht mehr ganz so schwierig.« Im Gegensatz zum Deutschen gibt es in der polnischen Rechtschreibung kaum Ausnahmen. Ähnlich verhält es sich laut Sebastian mit der Grammatik: »Wenn man die durchgekaut hat, dann ist der Rest einfach.« Während des Festivals zeigen Natalia und Sebastian den Kindern viele Wörter, die ganz ähnlich klingen wie im Deutschen. Das Erfolgserlebnis bleibt nicht aus: Auf Anhieb verstehen sie etwa 20 Vokabeln von apteka über muzyka bis zupa.

Liederlauschen im Oderbruch

Es ist heiß im Oderbruch. Während die Besucher und Besucherinnen des Festivals »Liederlauschen am Rand« im Schatten abhängen, sind Christian Eckert und Lea Dittbrenner unentwegt auf dem Festival-Gelände unterwegs – zwischen Bühne und Backstage, zwischen Künstler*innen aus Polen und Deutschland, zwischen Gästen, Familie und Freunden, mit Handy und irgendwie immer im Gespräch. Sie organisieren, koordinieren, wirken dabei entspannt und scheinen ihr Festival trotz Hektik auch zu genießen.

Es ist das fünfte »Liederlauschen am Rand« im Oderbruch. Durch Zufall kamen Christian und Lea in das *Theater am Rand*, ein privates Theater, 300 Meter vom Oderufer entfernt. »Wir haben den Ort gesehen und waren verzaubert. Dieser Blick in die Weiten der Landschaft«, schwärmt Christian. Die beiden kamen mit den Verantwortlichen vom *Theater am Rand* ins Gespräch. Alle waren sich einig: Hier müsste man mal ein Festival veranstalten. 2018 gab es ein eintägiges Festival als »Labor«. 2019 ging es dann los: Das erste Liederlauschen von Freitag bis Sonntag mit Musik- und Mitmachprogramm inklusive Zeltwiese und Vollverpflegung. »Das war schon eine Herausforderung für alle – für uns als Veranstalter und für die Gäste.«

Musikfestivals sind für Christian, Sprecher und Schauspieler, und Lea, Kulturwissenschaftlerin, kein Neuland. Seit 15 Jahren organisieren sie im Prenzlauer Berg in Berlin einmal im Jahr ehrenamtlich das ursprüngliche Liederlauschen-Musikfestival. »Wir wollten in unserem Wohnviertel etwas bewegen und die Nachbarschaft zusammenbringen. Und es macht uns ganz einfach Spaß.« Das Festival in Berlin gibt es immer noch, aber nur für einen Tag. »Zwei mehrtägige Festivals neben unseren Jobs schaffen wir nicht.«

Das Besondere an diesem Ort an der Oder, etwa 50 Kilometer von Berlin entfernt, sind für Christian und Lea die Landschaft und die unmittelbare Nähe zur polnischen Grenze. »Das Oderbruch hört nicht an der Oder auf. Von daher haben wir das Festival von Anfang an als deutsch-polnisches Projekt gesehen«, erklärt Christian. Ein Glücksfall sei es gewesen, das polnische Musikfestival »Wake-up and Live« in Sulęcin, ein kleiner Ort knapp 50 Kilometer östlich von Frankfurt (Oder), als Partner zu gewinnen. »Darüber bekamen wir Kontakte zu polnischen Bands und vor allem Einblick in die polnische Kulturszene sowie die Art zu kommunizieren.« Lea ergänzt: »Bei polnischen Bands ist ›Liederlauschen‹ mittlerweile bekannt, sodass wir viele polnische Künstler*innen im Programm haben.« Etwas schwieriger sei es, auch Festivalbesucher aus Polen über die Oder zu locken. »Bands bringen oft Fans mit, aber einzelne Gäste aus Polen haben wir bisher kaum«, erklärt Lea. »Daran arbeiten wir.«

Etwa die Hälfte der Besucher*innen kommt aus Berlin, ein Viertel aus ganz Deutschland und ein Viertel aus der Region, so die Schätzungen. An diesem Wochenende sind es etwa 500 Leute. Der Fokus liegt nicht auf Wachstum. »Ein paar mehr Gäste könnten es noch werden, aber wir wollen klein bleiben, damit es zu

dem Ort passt. Damit »Liederlauschen« eine Zukunft hat, muss sich allerdings die Arbeit auf mehrere Schultern verteilen, sind sich Christian und Lea einig. »An den Haupttagen haben wir ein Team von etwa 40 ehrenamtlichen Helfer*innen. Unser Kernteam, das sich das ganze Jahr um das Festival kümmert, besteht aber nur aus drei bis fünf Personen. Das ähnelt manchmal einem Halbtagsjob und geht an die Belastungsgrenze.« Und Lea fügt hinzu: »Wir sind für das Festival etwa zwei Wochen hier vor Ort – eine Woche zum Vorbereiten und eine Woche zum Abbauen. Ohne Unterstützung der Großeltern, die sich um unsere beiden Kinder während der heißen Phase des Festivals kümmern, könnten wir das nicht leisten.«

Liederlauschen ist familienfreundlich und nachhaltig. Fast ein Drittel der Gäste des Festivals sind Kinder. Ein großes Familienareal mit Mitmachaktionen zu Kunst, Kultur, Musik und Bewegung begeistert Jung und Alt. Das PolenMobil (Seite 163) macht neugierig auf das Nachbarland, und die historische Feuerwehr aus der Region sorgt für Abkühlung.

Christian und Lea blicken optimistisch in die Zukunft und sind überzeugt, dass das Festival mit jedem Jahr etwas polnischer wird. »Wir wollen Brücken bauen zwischen Stadt und Land, zwischen Polen und Deutschland«, so Christian und Lea vom Prenzlauer Berg im Oderbruch.

Landwirtschaft im Einklang mit der Natur

Ludolf von Maltzan bewirtschaftet in Brodowin im Biosphärenreservat Schorfheide-Chorin nord-östlich von Berlin auf 2.300 Hektar den größten Demeter-Betrieb Deutschlands. Er könnte sich Großgrundbesitzer nennen, doch so ein Titel liegt ihm fern. Zu groß ist die Demut vor der Geschichte des Betriebs und der immensen unternehmerischen Verantwortung, zu groß der Respekt gegenüber Mitarbeitenden, Tieren und Pflanzen. »Wir zeigen, dass Landwirtschaft und Naturschutz, Nahrungsmittelproduktion und Artenschutz miteinander zu vereinbaren sind.«

Bevor er über sich und die aktuellen Herausforderungen des Betriebs spricht, ist es ihm ein Anliegen zu erklären, wie das Ökodorf Brodowin entstand: »Vielen Menschen in Brodowin war schon zu DDR-Zeiten bewusst, dass sie in einer einzigartigen, schützenswerten Natur leben. Auf der anderen Seite mussten sie mitansehen, wie Autorallyes durch die Natur veranstaltet wurden oder wie Flugzeuge Düngemittel und Pestizide auf die Felder brachten und manchmal nicht rechtzeitig vor den Seen stoppten.« So wurde es Ludolf von Maltzan von Ortsansässigen berichtet. »Das hat zu einer nicht ausbalancierten Natur geführt.« Am Runden Tisch in Brodowin formulierten Genossenschaftsbauern nach der Wende das Ziel, möglichst viele Arbeitsplätze zu erhalten und die einzigartige Natur rund um Brodowin zu schützen. So wurden die Idee und der Plan entwickelt, auf einem Teil der LPG-Flächen ökologischen Landbau nach den strengen Demeter-Richtlinien zu betreiben. Zum Glück fand sich ein Unternehmerehepaar, das das Projekt mit Geld und Leidenschaft unterstützte.

Seit 2006 ist der Agraringenieur Ludolf von Maltzan Inhaber und Geschäftsführer des Demeter-Betriebs Ökodorf Brodowin. »Aber das spielt keine Rolle, dass es mir gehört. Wir entscheiden im Team. Die Entstehungsgeschichte des Betriebs ist so bedeutend und der Stolz im Dorf darauf so groß, dass es großen Stellenwert für mich hat, Teil dieser Geschichte zu sein.«

Mussten sich andere Ortschaften in der Region in den 1990er Jahren teilweise mit 25 Prozent Arbeitslosigkeit und mehr auseinandersetzen, so lag der Anteil der Arbeitslosen in Brodowin nie über fünf Prozent. »Heute spielt es keine Rolle mehr, dass wir Arbeitsplätze bieten. Auch wir suchen Arbeitskräfte.« Aber Brodowin profitiert heute noch davon, dass es nach der Wende nicht von Abwanderung betroffen war. Im Gegenteil: Brodowin hatte Zuzug, und die Einwohnerzahl ist um etwa zehn Prozent auf über 450 gestiegen.

Allerdings ist die Zahl der Beschäftigten mit Beginn des Kriegs in der Ukraine 2022 um ein Drittel auf derzeit etwa 140 zurückgegangen. »Das liegt an der gesunkenen Nachfrage, da alle den Gürtel enger schnallen müssen und weil verständlicherweise viele Angst vor plötzlichen Kostensteigerungen haben.« Von Maltzan ist überzeugt, dass diese Kunden, die aus finanziellen Gründen ausgeschert sind, zurückkommen werden. »Wir als Landwirte haben die Möglichkeit, aktiv Naturschutz zu betreiben. Men-

schen in der Stadt in einer Etagenwohnung können das nur indirekt über ihren Konsum.« Allerdings stehe im Moment der Preis mehr im Fokus als der Naturschutz. »Wir sind überzeugt von unserer Arbeit und unseren Produkten, deshalb gehen wir unseren Weg weiter. Qualität und Naturschutz sind für uns nicht verhandelbar.« Von Maltzan plant, in Zukunft mehr für seine Produkte und die Wirtschaftsweise zu werben. Schon jetzt ist Brodowin ein beliebtes Ausflugsziel. Menschen können hier einkaufen, die Produkte im Restaurant genießen, in die Ställe und Produktionshallen blicken und auf verschiedenen Rundwegen rund um das Dorf erfahren, wie Nahrungsmittelproduktion im Einklang mit der Natur aussieht. »Aber vielleicht müssen wir hier noch mehr machen – nicht nur vor Ort, sondern auch dort, wo unsere Kunden und Kundinnen leben.«

»Wenn die Nachfrage sinkt, müssen wir als Betrieb reagieren.« Es wird weniger Gemüse angebaut und weniger Milch abgefüllt. Die überschüssige Milch geht in den konventionellen Handel mit den entsprechenden Einkommenseinbußen. »Ich möchte aber nicht das Negative in den Vordergrund stellen, sondern unsere langjährigen Allianzen mit Bäckereien, Cafés, Gastronomie und Handel betonen, auf die wir uns noch stärker konzentrieren wollen.«

Der Agraringenieur sieht große Chancen für die ökologische Landwirtschaft durch moderne Technik. »Hier geht die Entwicklung beispielsweise durch Robotik und satellitengesteuerte Traktoren sehr schnell.« Im züchterischen Bereich dauert es hingegen lange, bis neue Sorten, die sich den verändernden Bedingungen angepasst haben, auf den Markt kommen. »Ich bin sehr technologieoffen, aber Gentechnik bei Nahrungsmitteln steht für mich nicht zur Debatte«, positioniert er sich.

Der Betrieb entwickelt sich ständig weiter. »Die Wunschliste, was wir alles verbessern könnten, ist lang. Hier muss man realistisch bleiben und beachten, dass wir ein Wirtschaftsbetrieb sind.« Klimaneutralität ist ein wichtiges Thema für den Betrieb. Zwar gibt es auf den meisten Dächern PV-Anlagen, aber in der Molkerei wird noch fossile Energie verbraucht. »Das wollen wir angehen.« Auch die Verbesserung der Böden durch Humusaufbau liegt dem Biobauern sehr am Herzen.

Ludolf von Maltzan, Inhaber und Geschäftsführer des Demeter-Betriebs Ökodorf Brodowin.

»Wir können stolz auf das sein, was bisher erreicht wurde. Brodowin ist mittlerweile ein Mekka für Ornithologen. Aufgrund einer reichhaltigen Insektenpopulation haben wir auch viele insektenfressende Vögel. Der Artenschutz funktioniert, und das hängt mit der ökologischen Wirtschaftsweise zusammen.«

Naturschutz als gesellschaftliches Engagement

Thomas Berg spricht Klartext. Als Pfarrer nicht nur auf der Kanzel, sondern auch im Naturschutz als Vorsitzender des Nationalparkvereins »Unteres Odertal«, der einzige Flussauennationalpark in Deutschland und der einzige Nationalpark im Land Brandenburg. Er erstreckt sich auf einer Länge von etwa sechzig Kilometern und auf einer Breite von zwei bis acht Kilometern entlang des Westufers der Oder in Richtung Stettin, überwiegend im Landkreis Uckermark. Gemeinsam mit zwei Landschaftsschutzparks auf polnischer Seite bildet das Odertal ein riesiges grenzüberschreitendes Schutzgebiet.

»Uns gibt es schon länger als den Nationalpark selbst. Der Verein wurde 1992 gegründet, der Nationalpark erst 1995«, so Thomas Berg. Der Beschluss zur Gründung des Nationalparks stammte noch von der letzten DDR-Regierung. »Aber es dauerte, bis die Strukturen geschaffen wurden.« So begann der Verein, Flächen aufzukaufen und erste Naturschutzmaßnahmen in die Wege zu leiten. »Als privater Verein sind wir viel flexibler und können schneller reagieren als eine staatliche Nationalparkverwaltung.«

Den Vorsitz übernahm Berg 1998: »In einer Zeit, als hier die Luft brannte. Am Anfang war das eher eine umweltpolitische Aufgabe mit großen Auseinandersetzungen mit Bauernverband und Landwirten«, erinnert er sich. »Aber das hat sich gelegt. Mit den Landwirten, die unsere Pächter sind, pflegen wir mittlerweile eine gute Zusammenarbeit. Unsere Naturschutzauflagen führen heute nicht mehr zu Diskussionen, sondern werden akzeptiert. Die ehemaligen LPG-Vorsitzenden, für die wir oft die blöden Naturschützer waren, sind überwiegend in Rente.«

»Auf der Fachebene arbeiten wir mit der Nationalparkverwaltung gut zusammen – wir haben ja meist die gleichen Fachleute, die uns beraten.

Auf der politischen Ebene sind wir uns nicht immer ganz einig«, so Berg. »Wir sind viel weniger konfliktscheu. Was gemacht werden muss, muss gemacht werden. Das kann man nicht aussitzen und hoffen, dass irgendwann eine Lösung kommt«, argumentiert er zum Beispiel im Hinblick auf das Wassermanagement in den Poldern, einem eingedeichten Gebiet. »Hier muss dringend etwas passieren, damit das Wasser viel länger auf den Wiesen bleibt. Nur dann haben die Bodenbrüter auch eine Chance, ihre Jungen großzuziehen.«

Mittlerweile sind etwa 6.000 Hektar im Besitz des Vereins, auch angrenzend zum Nationalpark. Davon werden knapp 2.000 Hektar als landwirtschaftliche Flächen verpachtet. »Über die Pachtverträge haben wir großen Einfluss auf die Nutzung. Und auch hier ist es für uns als privatrechtlicher Verein leichter, bestimmte Dinge durchzusetzen: Wenn uns Ornithologen sagen, dass eine bestimmte Vogelart in einem Gebiet vorkommt, können wir die Nutzungsauflagen sofort anpassen. Die Nationalparkverwaltung muss erst auf eine Gesetzesänderung warten.« Berg lebt seit 30 Jahren in Lunow in der Uckermark. Mittlerweile weiß er die Menschen zu nehmen. »Wenn es etwas Neues gibt, heißt es zunächst: Das gab's ja noch nie. Nach fünf Jahren dann: Das haben wir schon immer so gemacht.«

Der vollständige Name des Vereins ist recht sperrig: Verein der Freunde des Deutsch-Polnischen Europa-Nationalparks Unteres Odertal. »Gerade in der Gründungsphase gab es intensive Kontakte zu engagierten Naturschützern in Polen, und wir wurden dem Namen gerecht«, so Berg. »Im Moment ist das allerdings aus mehreren Gründen schwierig.« Zum einen würden in Polen nur wenige Vereine und institutionalisierte Strukturen existieren. Stellen im Naturschutz seien in Polen noch mehr als in Deutschland gestrichen worden. »Und es fehlen einfach die Menschen auf östlicher Seite der Oder. Bei uns ist es ja schon dünn besiedelt, aber auf der anderen Seite leben noch weniger Menschen.« Auch auf politischer Ebene sei es schwierig, denn nach seinen Erfahrungen werden bei Regierungswechseln auf der kommunalen Ebene nicht nur die Führungsspitzen ausgetauscht, sondern immer komplett alle Posten. »Damit verschwinden dann oft sämtliche Kontakte, und man muss wieder von vorne anfangen.«

Allerdings sind über die Nationalparkakademie in Criewen bei Schwedt gute Kontakte auf der Fachebene zu Wissenschaftler*innen in Polen vorhanden. »Wir sind bemüht, dass wir wieder mehr zusammenarbeiten und die Kontakte erweitern.« Eine Überlegung sei auch, in Zukunft auf polnischer Seite Flächen zu kaufen, um die Vernetzung zu intensivieren.

»Wir sind als Verein wirtschaftlich und politisch sehr unabhängig. Dadurch haben wir eine starke Position im Nationalpark und in der Region.« Für Berg ist Naturschutz nicht nur eine staatliche, sondern auch eine gesellschaftliche Aufgabe. Der Theologe ist sich sicher: »Naturschutz braucht bürgerschaftliches Engagement.«

Die Situation der Oder ist auch für den Verein ein großes Thema. Die toten Fische im Fluss machen betroffen, aber die viel größere Gefahr sei der geplante Oderausbau. »Allerdings haben wir hier wenig direkten Einfluss, unterstützen aber das ›Aktionsbündnis lebendige Oder‹ finanziell und ideell.« Das Oberste Verwaltungsgericht in Warschau hat die Genehmigung der polnischen Umweltverwaltung zum Ausbau der Oder im März dieses Jahres vorläufig aufgehoben und die Bauarbeiten gestoppt. Man sieht aber, wie am östlichen Ufer weitergebaut wird. »Die Baumaßnahmen werden von polnischer Seite als notwendige Erweiterung des Hochwasserschutzes begründet«, so Berg.

»Viele dachten, dass sich unsere Arbeit nach Gründung des Nationalparks 1995 erledigt hätte. Manche wollten uns auch loswerden. Aber wir sind immer noch da und sehen noch viele Aufgaben vor uns.« Wenn Berg an die anstehende Flurneuordnung denkt, befürchtet er große Probleme. Es handelt sich um ein Gebiet von 20.000 Hektar, von dem der Nationalpark etwa die Hälfte ausmacht. »Die meisten Konflikte hat man, wenn man sich nicht traut, sie auch auszutragen.« Von daher ist zu erwarten, dass der Pfarrer und Naturschützer aus Lunow auch in Zukunft Position beziehen und Klartext reden wird.

Krajnik Dolny

42

Auf Spurensuche im Tal der Liebe

Aus einer Liebesgeschichte entstand das »Tal der Liebe«. Anna von Humbert empfing 1850 ihren Mann, der als Politiker länger auf Reisen gewesen war, in dem von ihr gestalteten Landschaftspark mit dem Transparent: »Herzlich willkommen im Tal, das die Liebe geschaffen hat«. Anna und ihre Nachfahren erweiterten den Landschaftspark an den Oderhängen auf polnischer Seite gegenüber von Schwedt kontinuierlich. Das »Tal der Liebe« wurde Anfang des 20. Jahrhunderts zum beliebten Ausflugsziel für Touristen aus Stettin, Berlin und Schwedt.

Willi Magnus aus Schwedt kennt das Tal der Liebe schon lange. Der 79-Jährige begeistert sich für alte Bücher und Karten. »Ich hatte Pläne vom Tal der Liebe lange, bevor ich es gesehen habe.« Die Geschichte beginnt 1827 mit der Ansiedlung der Familie von Humbert auf dem Landgut Hohen Kränig oberhalb des östlichen Oderufers in der historischen Landschaft Neumark. Das Gut lag auf einer Hügelkette, die zur Oder hin steil abfällt und von tiefen Schluchten und sanften Tälern durchbrochen wird. Anna von Humbert erkannte die Schönheit dieser Landschaft und ließ Wege und Alleen anlegen sowie Bäume und Sträucher pflanzen. Sie legte den Grundstein für einen etwa 80 Hektar großen Landschaftspark an der Oder.

Willi Magnus erzählt, dass er während seiner Berufstätigkeit als Funkmechaniker im Instandsetzungswerk in Pinnow Militärtechnik reparierte. »Die Natur war ein guter Ausgleich für mich. Außerdem interessierte mich Geschichte schon immer«, erzählt er. So war er bereits in den 1970er Jahren viel in Polen unterwegs – entweder als Langstreckenläufer oder mit dem Rad. Er erinnert sich, dass er einmal mit einem Freund in den Hügeln rund um Krajnik Dolny unterwegs war, um Reste des Tals der Liebe zu suchen, das er aus seinen Büchern kannte. Vergeblich. Es war

alles verwildert und zugewuchert. Dafür stießen sie auf einen polnischen Grenzsoldaten, der dort seinen Dienst verrichtete. Er forderte sie auf, das Gebiet zu verlassen.

Anna von Humbert und ihre Nachfahren erweiterten den Park immer mehr. Insgesamt wurden 7.000 Bäume gepflanzt, Stege an Bächen und Teichen gebaut, Pavillons errichtet. In der zweiten Hälfte des 19. Jahrhunderts wurde der Park öffentlich zugänglich gemacht. Es entwickelte sich Gastronomie, und die Ausflugsschiffe auf der Oder legten direkt am Park an. Anlässlich des 100. Jubiläums des Gutes 1927 gestaltete Annas Enkel René den Park entsprechend dem damaligen Zeitgeist um. So entstand zum Beispiel der Gedenkhügel, auf dem riesige Findlinge platziert wurden. Auf ihnen waren Namen berühmter Deutscher aus Kunst, Kultur, Wissenschaft und Politik verewigt. In den beiden Teichen, die aus einer Bergquelle gespeist wurden, ließ René zwei Figuren aufstellen, die ehemals das Schwedter Schloss zierten.

Nach dem Zweiten Weltkrieg lagen der Landschaftspark und das Tal der Liebe bzw. Dolina Miłości, wie es im Polnischen heißt, plötzlich im

Grenzgebiet. Das Herrenhaus der Familie von Humbert und die Wirtschaftsgebäude wurden zu Kriegsende von den Nazis zerstört. Der Park geriet in Vergessenheit, verwilderte und wurde teilweise forstwirtschaftlich genutzt, während Gebäude und Skulpturen dem Vandalismus zum Opfer fielen. Vom Tal der Liebe war nichts mehr übrig als die Erinnerung, Postkarten, Fotos und Beschreibungen in alten Büchern.

1992 wurde der ehemalige Landschaftspark unter Denkmalschutz gestellt. Seit 2005 gibt es große Anstrengungen eines polnischen Naturschutzvereins, den Park wieder zugänglich zu machen. Die ursprüngliche Schönheit des Tals der Liebe ist heute nur zu erahnen. Es wurden zwar wieder einige Wege angelegt, Aussichtspunkte zugänglich gemacht und freigeschnitten, die Teiche gesäubert und Nachbildungen der alten Skulpturen angefertigt. Aber der ehemalige Landschaftspark ist heute Teil eines großen Naturschutzgebiets, in dem der Wald und besondere Biotope im Fokus stehen.

Willi Magnus, der als Natur- und Landschaftsführer Gruppen regelmäßig Natur und Kultur rund um Schwedt zeigt, steht heute an den so-

genannten Goldfischteichen und kommentiert mit Blick auf das grüne Wasser: »Das sind heute eher Froschtümpel.« Er wünschte sich, dass der Park wieder mehr gepflegt würde. Immer wieder stößt man auf Schilder, dass Wege, größtenteils zugewachsen, gesperrt sind. Trotzdem flanieren viele Menschen durch die eiszeitlichen Oderhügel und besteigen die verschiedenen Aussichtsberge.

Danach treffen sich polnische und deutsche Besucher im Café bei Beate direkt neben dem ehemaligen Landschaftspark und genießen bei Kaffee und Kuchen oder bei Bier und Piroggen einen ähnlichen Ausblick über das Odertal, wie er einst Anna von ihrer Gartenlaube aus, umgeben von weißem Flieder, vergönnt war. Auch Willi Magnus erfreut sich am Panorama, lobt Beates Kuchen und zeigt sicherlich noch vielen Menschen das Tal der Liebe und erzählt von dessen wechselhafter Geschichte.

Schwedt kann Wandel

Schwedt hat sich für ein großes Sommer-Musikfestival rausgeputzt. Überall sind Bühnen aufgebaut. Von der historischen Innenstadt ist nach 1945 nicht viel übriggeblieben. Moderne Wohnanlagen mit bunt bepflanzten Balkons stehen neben wiederaufgebauten Kirchen aus Backsteinen, riesige Fassadengemälde bringen Farbe in die Stadt und sorgen für manche Illusion. Schwedt nennt sich Nationalparkstadt. Dieser beginnt direkt an der Stadtgrenze und erstreckt sich über 60 Kilometer entlang der Oder. »Schwedt: Platz für morgen.« Mit diesem Slogan wirbt die Stadt.

60 Jahre lang kam das Erdöl über die mehr als 5.000 Kilometer lange Druschba-Pipeline direkt aus Sibirien nach Schwedt an der Oder in das Erdölverarbeitungswerk, die heutige PCK-Raffinerie, aber seit Januar 2023 hat sich Deutschland zu einem Ölembargo gegen Russland verpflichtet. Wie geht es weiter in Schwedt, wenn die Raffinerie als Hauptarbeitgeber kein russisches Erdöl mehr bekommt? Das fragen sich viele in der Stadt.

Silvio Moritz, stellvertretender Bürgermeister in Schwedt, gibt zu, dass die politische Weltlage die Stadt und vor allem die Industrie rund um die Raffinerie in große Schwierigkeiten gebracht hat. »Aber hier gehen die Lichter nicht aus«, ist er überzeugt, denn für ihn steht fest: »Schwedt kann Wandel.« Das habe die Stadt schon mehrfach bewiesen.

Nach dem Zweiten Weltkrieg hat sich Schwedt von einer kleinen uckermärkischen Tabakstadt zu einem der bedeutendsten Industriestandorte in der DDR entwickelt. Nach 1990 kam die zweite Transformation: Die Erdölraffinerie und die Papierindustrie überlebten, die Zahl der Arbeitsplätze bei PCK schrumpfte allerdings von 8.000 zu Wendezeiten auf heute 1.200. Gleichzeitig siedelten sich mittelständische Betriebe als Dienstleister und Zulieferer für PCK an und schufen neue Arbeitsplätze. Die Einwohnerzahl sank von über 50.000 auf 34.000,

Wohnblöcke wurden abgerissen, Siedlungen mit Einfamilienhäusern sind entstanden.

Und jetzt steht die dritte große Transformation an. Moritz stellt klar, dass dieser Wandel nicht erst mit Ausbruch des Krieges in der Ukraine begann. »Dadurch wird der ganze Prozess nur beschleunigt.« Schon vorher haben sich die Stadt und vor allem die ansässigen Unternehmen auf den Weg gemacht, vom Erdöl als fossilem Energieträger wegzukommen. »Schon vor 2022 gab es eine Strategie zur Produktion von grünem Wasserstoff.« Moritz ist seit eineinhalb Jahren im Amt. »Ich bin angetreten, um diese Transformation von Seiten der Verwaltung zu begleiten und zu unterstützen.« Jetzt muss er den Turbogang einlegen. »Nein, wir haben

Silvio Moritz, stellvertretender Bürgermeister in Schwedt.

Philip Pozdorecz, Wirtschaftsförderer in Schwedt.

uns nicht zu spät auf den Weg gemacht«, begegnet er möglicher Kritik. »Aber jetzt stehen wir unter großem zeitlichen und wirtschaftlichen Druck.«

Philip Pozdorecz sieht als Wirtschaftsförderer der Stadt Schwedt seine Aufgabe darin, innovative Unternehmen, die die Transformation vorantreiben wollen und können, zu überzeugen, dass die Stadt an der deutsch-polnischen Grenze ein guter Standort ist. »Dafür stellen wir Innovationsinfrastruktur bereit.« Konkret heißt das, dass in Schwedt ein Innovationscampus mit mehreren Standorten aufgebaut wird. Hier sollen Start-ups anwendungsorientierte Forschung betreiben. Pozdorecz berichtet zum Beispiel von zwei Firmen, die in einer alten Industriehalle zu neuen Fasern aus ungenutzten Zellulosefasern aus der Landwirtschaft oder aus wiedervernässten Mooren forschen. Ziel ist es, zukunftsfähige und ressourcenschonende Materialien für die Papierindustrie und nachhaltige Verpackungsalternativen aus Agrarabfällen herzustellen.

Die Schlossherrin und die Wundertüte

Birgit Glowik ist fast eine Schlossherrin. Seit über 15 Jahren kümmert sie sich um Schloss Penkun, ein Pommerscher Landsitz, umgeben von Seen in einer malerischen Landschaft – tagtäglich und ehrenamtlich. In dem Schloss, das der Stadt Penkun gehört, befindet sich über drei Etagen in 44 Zimmern ein Museum. »Lassen Sie sich überraschen«, sagt die Museumschefin, bevor sie ihre Besucher auf den Rundgang schickt. »Es ist wie eine Wundertüte.«

Der Rundgang beginnt in der Küche mit einem mehrere Meter langen Holzherd mit drei Feuerstellen. »Der Herd wurde bis zur Wende für die Kantine der LPG benutzt«, erklärt Birgit Glowik. Heute sind darauf Waffeleisen und Kochutensilien aus den verschiedenen Jahrhunderten drapiert. Weiter geht es durch die dreiflügelige Schlossanlage – zum Glück ist der Weg ausgeschildert – vorbei an Tierpräparaten, Möbeln und Kleidung aus unterschiedlichen Epochen, an DDR-Geschichte, an Penkuner Frühgeschichte, durch ein historisches Klassenzimmer und vieles mehr. Die Sammelleidenschaft des Vereins ist immens und das Museum wie eine Schatzkiste voller Überraschungen. Auf dem Rundgang liegt auch der große Festsaal. Der Fußboden zeigt große Dellen. »In dem Saal veranstalten wir gelegentlich Konzerte. Die Dielen halten«, kommentiert Birgit Glowik.

Das Schloss aus dem 16. Jahrhundert war in den 1980er Jahren einsturzgefährdet, es wurde schon von Abriss gesprochen. 1985 gründete sich eine Arbeitsgruppe aus engagierten Penkuner Handwerkern, die sich für die Erhaltung des Schlosses einsetzten und auch selbst Hand anlegten, um den Verfall zu stoppen. 1991 begannen die Sanierungsarbeiten mit Unterstützung der Deutschen Stiftung Denkmalschutz. Saniert ist das Schloss noch lange nicht, aber gesichert. Seit 1998 hat der Museumsverein das Nutzungsrecht der Schlossräume, und somit ist das Schloss für die Öffentlichkeit zugänglich. 2008 richtete der Museumsverein im ehemaligen Verwalterhaus eine Ausstellung zur Geschichte der deutsch-polnischen Grenze ein (Seite 188).

Birigit Glowik hat zu DDR-Zeiten in der Krankenpflege gearbeitet, nach der Wende wurde sie arbeitslos und hatte verschiedene Jobs. 2005 kam sie als ABM-Kraft (Arbeitsbeschaffungsmaßnahme) zum Schloss Penkun und zum Museumsverein. »Und diese Arbeit hat mir so viel Spaß gemacht, dass ich dabeigeblieben bin, bis heute«, lacht die zweite Vorsitzende des Museumsvereins. Mittlerweile konnte sie sogar ihren Mann Jürgen für das Schloss und das Museum begeistern, sodass sie sich jetzt gemeinsam engagieren.

Birgit und Jürgen Glowik (64 und 65 Jahre) sind immer im Dienst, wenn Museum und Schloss von April bis Oktober an sechs Tagen in der

Woche geöffnet haben. Dazu gehört nicht nur, sich um die Besucher zu kümmern, sondern auch alle Reinigungs- und kleinere Reparaturarbeiten zu erledigen. »Mein Mann verkittet die Fenster, und ich putze hinterher«, beschreibt Birgit Glowik, was es auch bedeutet, ein Schloss in Schuss zu halten. »Es sind 190 Fenster«, ergänzt Jürgen Glowik. Der gelernte Maler kann seinen Beruf nicht mehr ausüben, aber hier im Schloss und Museum sein handwerkliches Talent gut einsetzen.

Im Schloss ist immer etwas los: Jährlich kommen etwa 2.000 Besucher in das Museum. Zusätzlich gibt es Ausstellungen, Konzerte, Kulturveranstaltungen oder Vorträge. Die Eingangshalle mit der Gewölbedecke wird für kleine Feiern und manchmal sogar für Hochzeiten gebucht. Regelmäßig kommen Schulklassen in das Schloss. »Wir organisieren dann Schatzsuchen oder waschen mit den Kindern Wäsche auf dem Waschbrett«, erzählt Birgit Glowik. »Wenn wir nicht wären, wäre das Schloss zu«, so ihr Mann. »Aber es macht uns auch großen Spaß.« 2020 erhielten beide für ihr außerordentliches Engagement den Ehrenamtspreis des Landkreises Vorpommern-Greifswald. »Über diese Auszeichnung und Belobigung haben wir uns sehr gefreut.«

Als Grenzer im Westen und im Osten

Siegfried Kapp hat 26 Jahre bei den Grenztruppen der DDR gedient, von 1964 bis 1982 bei den Grenztruppen West an der ehemaligen innerdeutschen Grenze und von 1982 bis 1990 bei den Grenztruppen Ost an der Grenze der DDR zu Polen. »An der Westgrenze gab es Grenzsicherung, hier im Osten Grenzüberwachung«, erklärt der 79-Jährige im Deutsch-Polnischen Grenzmuseum im Schloss Penkun in Mecklenburg-Vorpommern.

Als Mitglied der Grenztruppen war Siegfried Kapp für Ordnung, Sicherheit und Sauberkeit an der Grenzübergangsstelle Pomellen und den Bahnübergängen Tantow und Grambow zuständig, aber nicht für die Personenkontrollen. Zu seinem Aufgabenbereich gehörte es auch, die Arbeiten der zivilen Beschäftigten wie Heizer, Hausmeister oder Elektriker zu koordinieren. »Pomellen war ein wichtiger Grenzübergang. Alle offiziellen Leute haben ihn genutzt.«

An der Grenze zwischen Polen und DDR standen nach seinen Beschreibungen manchmal ein einfacher Zaun, manchmal auch nur Grenzsäulen in regelmäßigen Abständen, sodass der Grenzverlauf eher einer gedachten Linie glich. In der Regel verlief auf polnischer und auf deutscher Seite ein Trampelpfad für Kontrollgänge, aber keine Fahrspur. »Bei unseren Kontrollgängen begegneten wir auch polnischen Grenzern. Konflikte gab es keine, aber auch keine Gespräche. Ich spreche ja auch kein Polnisch.« Kapp schätzt, dass am Grenzübergang Pomellen während seiner Dienstzeit durchschnittlich 100 Fahrzeuge pro Tag abgefertigt wurden. Neben den Ausweisen wurden auch Ladungen kontrolliert, das haben polnische und deutsche Mitarbeiter gemeinsam erledigt. Trotzdem sei viel geschmuggelt worden – vor allem Schnaps und Zigaretten. »Beides durfte nur in geringen Mengen aus Polen in die DDR eingeführt werden.«

Kapp berichtet von DDR-Bürgern, die versuchten, über Polen zu flüchten. »Das wurde vorher festgestellt, und die Menschen wurden beobachtet.« Außerdem gab es Fahndungsausschreibungen, von denen man an der Grenze wusste und falls nötig reagieren konnte.«

Er weiß noch, dass in den 80er Jahren DDR-Bürger nur mit Einladung nach Polen reisen durften. Grund war die Sorge der DDR-Regierung, dass die Solidarność-Bewegung auf die DDR übergreifen würde. »Und ich durfte als Mitglied der Grenztruppen gar nicht nach Polen.« Er erzählt, dass seine Frau öfters »zum Einkaufen und aus Neugier« nach Polen fuhr. Die Einladung organisierten ihr Bekannte. Kapp hat Zinnsachen gesammelt, und die konnte man zum Beispiel besser in Polen kaufen. Offiziell sollte man in Polen nur in der landeseigenen Währung, also in Złoty bezahlen.

Aber da die Ostmark in Polen begehrt war, kam diese auch zum Einsatz. »Es wurde viel gehandelt und auch inoffizielle Geschäfte gemacht«, weiß er aus Erzählungen.

Dann kam die politische Wende und mit ihr auch die Wende für Siegfried Kapp. In den letzten Monaten seines Dienstes arbeitete er mit Beamten des Bundesgrenzschutzes zusammen. »Da musste ich ständig hören, was wir alles falsch gemacht haben. Aber eigentlich haben die auch nur ihren Dienst geschoben so wie wir«, sagt er mehr als 30 Jahre später schulterzuckend. »Und am 30. September 1990 war Schluss. Ich war arbeitslos.« Er bewarb sich beim Bundesgrenzschutz bzw. bei der Bundespolizei: »Aber es hieß, mit knapp 50 Jahren sei ich zu alt.«

Noch heute ärgert sich Kapp über die lausige Verabschiedung nach 26 Jahren Dienst. »Es gab quasi keine.« Am meisten geärgert hat er sich,

dass er keine Abschlussprämie bekam. Diese erhielt man, wenn man in der DDR aus dem Dienst ausschied. »Die bekam ich nun nicht, da es so eine Prämie in der BRD nicht gab.« Zumindest erhielt Kapp nach dem Ende seiner Dienstzeit bei den Grenztruppen »Übergangsgeld«. »Damit hatte ich noch Glück, denn ehemalige Mitarbeitende des Ministeriums für Staatssicherheit gingen leer aus.«

Der ehemalige Grenzsoldat war nach 1990 in vielen Arbeitsbeschaffungsmaßnahmen (ABM). Er hat bei der Sanierung des Parks von Schloss Penkun geholfen, Wanderwege angelegt, im Freilichtmuseum gearbeitet, an der Chronik von Penkun mitgeschrieben – manchmal hatte er bezahlte Jobs, manchmal über ABM finanziert und oft auch nur ehrenamtlich. »Ich hatte Glück, dass ich so viele sinnvolle Tätigkeiten hatte«, blickt er zurück.

Dazu gehörte auch der Aufbau der Ausstellung zur deutsch-polnischen Grenze vor 25 Jahren im Museum Penkun. Er hat Zeitdokumente, polnische und deutsche Uniformen, Büroausstattung der Grenzposten, Auszeichnungen und Abzeichen der verschiedenen Dienstgrade und vieles mehr gesammelt und zusammengestellt. »Vieles wurde mir auch von ehemaligen Grenzern aus Polen und Deutschland gebracht.«

Kapp hat sich immer Beschäftigung gesucht. »Das hat geholfen, über die Enttäuschung hinwegzukommen.« Noch heute arbeitet er regelmäßig im Museum. Zu seiner Zeit bei den Grenztruppen sagt er: »Ich hatte mich für den Staat entschieden und deshalb für ihn gearbeitet. Es hat mir Spaß gemacht, und der Dienst war in Ordnung. Es hätte besser laufen können. Bis in die 1970er Jahre ging es ja auch aufwärts. Dann wurde es schlechter. Die gesellschaftliche Entwicklung hat sich auch bei den Soldaten niedergeschlagen. Es gab immer weniger Kameradschaft. Jeder, der einen Fehler machte, wurde sofort angezählt.«

Darin sieht er auch den Grund, warum er von den Grenztruppen West zu den Grenztruppen Ost versetzt wurde. »Ich konnte meinen Mund oft nicht halten und wurde deshalb strafversetzt.« So kam er wieder in die Nähe seiner Geburtsstadt Stettin, aus der er am Ende des Zweiten Weltkrieges zweimal flüchten musste. »Für mich war es nur positiv, dass ich an die deutsch-polnische Grenze versetzt wurde.« Hier ist jetzt auch sein Zuhause.

Radeln auf historischer Bahntrasse

Dort wo bis 1945 eine Kleinbahn Güter wie Kartoffeln, Getreide, Rüben, Obst, Gemüse oder Holz Richtung Stettin transportierte, sollen bald Fahrradfahrer auf der historischen Bahntrasse grenzenlos fahren können. Bürgermeister und Regionalmanager Mirko Ehmke hat sich für den grenzüberschreitenden Fahrradweg zwischen Casekow in der Uckermark bis an die Stadtgrenze von Stettin starkgemacht. In einem neugebauten Backsteinhäuschen in Hohenholz, das den Radfahrern als Rastplatz dienen soll, breitet er die Pläne aus. »Damit wird unsere Region an das gutausgebaute Fahrradnetz rund um Stettin angeschlossen.«

Der ersten 30 Kilometer des 42 Kilometer langen Radwegs zwischen Casekow in Brandenburg und Ladenthin in Mecklenburg-Vorpommern sind so gut wie fertig. »Es fehlt nur noch die Ausschilderung, aber er kann schon benutzt werden«, so Ehmke. Die zwölf Kilometer auf polnischer Seite müssen noch gebaut werden. »Das wird auf jeden Fall passieren, denn die Gelder stehen ja zweckgebunden bereit.« Im Moment endet der Radweg direkt an der polnischen Grenze im Gestrüpp.

2017 entstand die Idee, den Radweg auf der alten Bahntrasse Casekow-Penkun-Oder (CPO) einzurichten, und 2018 trafen sich erstmals die Bürgermeister der Gemeinden, durch die der Radweg gehen soll – vier deutsche Bürgermeister sowie die Bürgermeisterin Małgorzata Schwarz der polnischen Gemeinde Kołbaskowo. Es soll nicht nur ein Radweg, sondern auch eine Plattform für grenzüberschreitende Aktivitäten wie kulturelle oder sportliche Veranstaltungen sein. Vom europäischen Förderprogramm Interreg kamen die entsprechenden Zuschüsse, sodass losgelegt werden konnte. Ehmke zeigt anhand von Plänen, dass der neue Fahrradweg bis an den Stadtrand von Stettin nicht überall die alte Bahn-

trasse nutzt. »Teilweise haben wir auch vorhandene Radwege oder ruhige landwirtschaftliche Wege integriert, um die Kosten zu reduzieren und dem Naturschutz zu genügen.«

»Mit diesem Projekt haben wir sowohl die Menschen, die hier leben, als auch Touristen im Blick. Wir wollen den Einheimischen ein vernünftiges Angebot vor Ort machen und wir wünschen uns, dass Stettiner mit dem Rad hierherkommen und vielleicht auch mal für einen Kurzurlaub in unserer Region bleiben«, definiert Ehmke das Ziel. Am Anfang seien die Einheimischen sehr skeptisch gewesen, ob dieser Fahrradweg denn nötig sei. Mittlerweile komme häufig die Rückmeldung, dass der Weg auch von den Menschen aus den Dörfern intensiv genutzt wird – entweder für eine Fahrradtour oder für einen abendlichen Spaziergang.

»Das Fahrradfahren nimmt auch in unserer ländlichen Region zu, und die Fahrradwege werden angenommen«, schildert Ehmke seine Beobachtung. »Durch die E-Bikes wird das noch mehr werden.« Allerdings müsse man mehr bieten als einen Radweg. In der Bauphase entstanden deshalb in einigen Dörfern überdachte Rast- und Spielplätze. »Wir brauchen aber auch an manchen Stellen noch Toiletten, Wasser und vielleicht sogar einen Stromanschluss, um den CPO-Radweg noch attraktiver zu machen«, gibt Ehmke zu bedenken. »Der 42 Kilometer lange Radweg verbindet Natur und Kultur. Er führt durch idyllische Dörfer mit ehemaligen Herrenhäusern und historischen Kirchen, verbindet aber auch Stettin mit dem Oder-Neiße-Radweg und mit Berlin.«

»Damit unsere Dörfer eine Zukunft haben, müssen wir in die Infrastruktur investieren«, so der Kommunalpolitiker. »Wir leben im Speckgürtel von Stettin. Der Bevölkerungsrückgang ist zwar gestoppt, aber wir freuen uns immer noch über Zuzug.« Mittlerweile leben in den kleinen Dörfern auch viele polnische oder deutsch-polnische Familien. »Deshalb ist es notwendig, dass nicht nur Straßen und Bahnlinien die beiden Nachbarländer verbinden, sondern genauso die Radwege.«

Waschen ohne Grenzen

Bettwäsche, Handtücher, Bademäntel, Tischwäsche und Dienstkleidung pendeln stündlich von Berlin in den kleinen Ort Nowe Czarnowo südlich von Gryfino und zurück. Die Wäsche wird zwischen der Großwäscherei Fliegel und den Vier- und Fünfsternehotels in Berlin hin- und hertransportiert. Der Betrieb entstand direkt neben dem Kraftwerk Dolna Odra. Durch das Kühlen der Turbinen entsteht Dampf, und dieses Abfallprodukt wird als Energiequelle für die Wäscherei wiederverwendet.

Vollautomatisch bewegt sich die weiße Wäsche über Förderbänder, auf Wasch- und Trockenstraßen durch die Hallen der Großwäscherei. 2.500 Tonnen pro Monat. Faltmaschinen legen Frotteehandtücher auf Kante. Greifarme ziehen Bettlaken und Bettbezüge aus den Wäschebergen und reichen sie den Frauen an den überdimensionalen Mangeln an. Am Ende wird die saubere Wäsche für die Kunden wieder in Container gepackt, die sofort auf die Lkws an den Rampen gerollt werden. An großen Bildschirmen können Mitarbeitende jederzeit den Prozess überwachen und steuern.

Der Betrieb wurde 1992 mit folgender Idee gegründet: Die schmutzige Hotelwäsche aus Berlin, wo der Tourismus nach der Wende zunahm, sollte innerhalb von 24 Stunden an sieben Tagen in der Woche wieder sauber im Hotel zur Verfügung stehen. Das wäre damals in Deutschland mit den gültigen Arbeitsschutzgesetzen und Regelungen zur Nacht- und Sonntagsarbeit schwer zu realisieren gewesen. In Polen war das möglich.

Mittlerweile betreibt der Wäschedienstleister vier Großwäschereien – zwei in Deutschland und zwei in Polen. »Der polnische Betrieb in Nowe Czarnowo war der erste und ist bis heute noch der größte«, erklärt Geschäftsführer Daniel Tarczyński. »Wir hatten in Polen immer einen Standortvorteil, aber die Arbeits- und Lebensbedingungen in Polen und Deutschland gleichen sich an.« Auch die Energiekosten in Polen seien auf gleichem

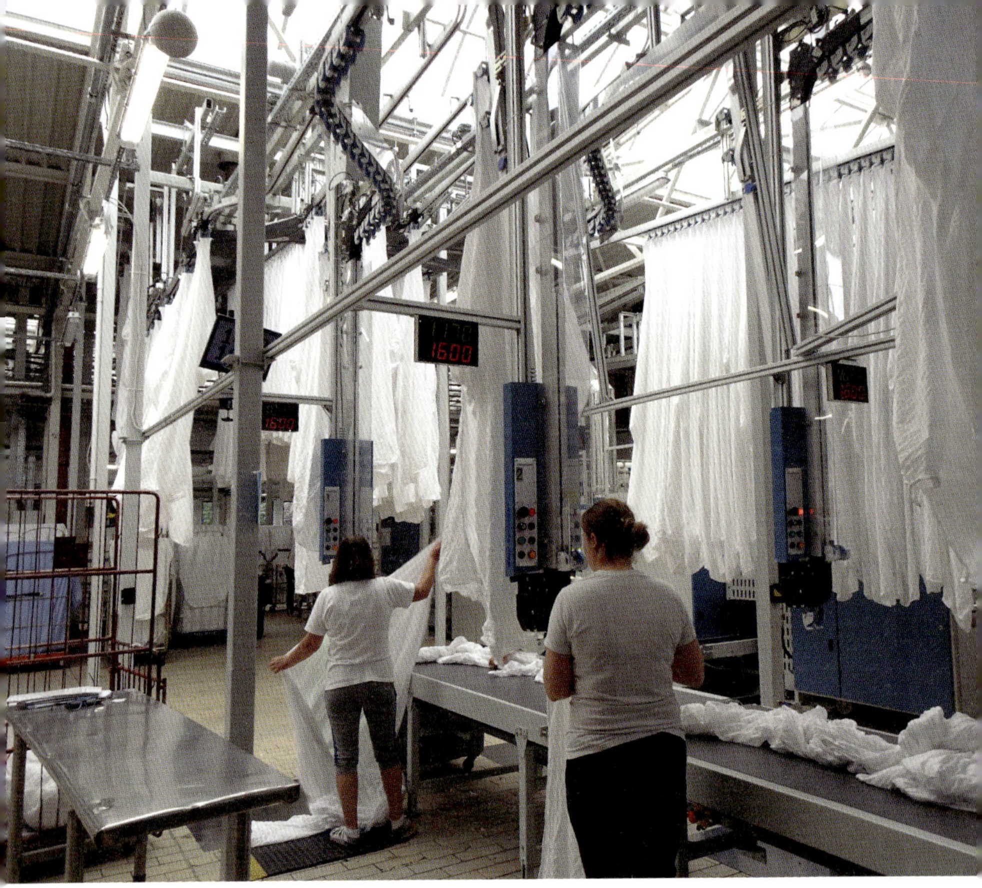

Niveau wie in Deutschland. Durch die Entwicklung des Mindestlohns in Deutschland gebe es beim Lohnniveau für den polnischen Betrieb noch immer einen kleinen Vorteil. »Auch in Polen gibt es Mindestlohn. Aber wir zahlen an unsere etwa 500 Mitarbeitenden in Nowe Czarnowo deutlich über polnischem Mindestlohn.« Denn auch in Polen seien Arbeitskräfte mittlerweile knapp. Tarczyński erklärt, dass es aufgrund von organisatorischen und bautechnischen Maßnahmen sowie einigen Anpassungen in der Logistik gelungen sei, dass nur noch in zwei Schichten an sechs Tagen in der Woche gearbeitet wird. »Die Nachtschicht und die Arbeit am Sonntag wurden abgeschafft. Aber das Wichtigste ist, dass das soziale Angebot im Betrieb stimmt, und da bieten wir einiges.« Der Beweis: Der Wäschereidienstleister wurde im letzten Jahr von der polnischen Arbeitsschutzbehörde als »Arbeitgeber des Jahres« ausgezeichnet.

Tarczyński, der seit über 22 Jahren in dem Unternehmen arbeitet und aus der Region stammt, ist überzeugt, dass die Wäscherei nicht nur wirtschaftlich einen Beitrag zur Annäherung der beiden Staaten geleistet hat. »Wir ermöglichen viele Begegnungen auf fachlicher und menschlicher Ebene.« So kämen regelmäßig Auszubildende und Mitarbeitende der Hotels zur Betriebsbesichtigung nach Polen. »Und wir organisieren ab und zu Exkursionen für unsere Mitarbeitenden in unsere Kundenhotels.« Dieser Austausch sei enorm wichtig, um einander kennenzulernen und Verständnis für die Arbeit und die Erwartungen zu bekommen.

Noch nutzt die Wäscherei den Dampf des benachbarten Kohlekraftwerks. »Wir wissen, dass das endlich ist. Ohne zu wissen, wann das Kraftwerk seinen Betrieb auf nicht fossile Energieträger umstellt, bereiten wir uns jetzt schon darauf vor.« Robert Petryniak, als Betriebsdirektor zuständig für den Betrieb in Polen, erklärt, dass alles, was an Energieeinsparung möglich ist, Schritt für Schritt umgesetzt wird. In den Hallen, in denen die Wäsche bei 90 Grad gewaschen und mit heißer Luft getrock-

Geschäftsführer Daniel Tarczyński (links) und Betriebsdirektor Robert Petryniak.

net wird und anschließend durch riesige Mangeln läuft, ist es warm, aber nicht unerträglich heiß für die Mitarbeitenden. »Überall gibt es Anlagen zur Wärmerückgewinnung, um die Energie möglichst effizient zu nutzen«, so der Techniker. Mittlerweile wurde auch eine Photovoltaikanlage auf dem Dach installiert, und man überlegt, diese Technik auf die Fassaden auszuweiten.

»Wir denken in jedem Prozessschritt nachhaltig und sind auch gerade dabei, unseren CO_2-Fußabdruck zu ermitteln«, so der Geschäftsführer. Das liege im eigenen Interesse, aber auch von den Kunden werde das immer mehr gefordert. So konnte man die Dampf- und Wassermenge pro Kilogramm Wäsche in den letzten Jahren fast um die Hälfte reduzieren. Bei Strom ist dies nicht der Fall, da der Trend immer mehr zur Automatisierung geht und somit der Strombedarf eher steigt. »Was früher Menschen erledigt haben, machen heute Roboter, und dieser Prozess ist noch lange nicht abgeschlossen«, erklärt Tarczyński. Die Arbeit werde für die Mitarbeitenden durch Roboter leichter und ergonomischer, aber auch eintöniger. Deshalb können Mitarbeitende alle paar Stunden den Arbeitsplatz wechseln.

Die Wäscherei arbeitet zu 80 Prozent mit Mietwäsche, das heißt, das Unternehmen kauft die Wäsche und vermietet diese an die Hotels. »Deshalb sind Einkauf und Beschaffung für uns sehr wichtig«, so Tarczyński. »Wir unterhalten ein eigenes Prüflabor und kaufen besonders langlebige Ware mit dem Label ›Made in Green‹, die nach Ökostandards zertifiziert ist.« Petryniak erklärt, dass der CO_2-Fußabdruck umso geringer ist, je länger die Wäsche genutzt wird. Der Lkw an der Rampe füllt sich schnell mit Wäsche für Berlin und Hotels an der polnischen Ostseeküste. »Die Touren sind mittlerweile so optimiert, dass nur noch volle Lkws das Firmengelände verlassen«, ergänzt Tarczyński.

48

Eventmanager mit Wildkräuterküche

Jolanta Grenke und Edward Orlowski, 63 und 65 Jahre, sitzen zufrieden vor einer riesigen Bücherwand auf dem Sofa in ihrem Gutshaus in Ramin, während nebenan 18 Kinder und Jugendliche aus Polen, Deutschland und der Ukraine Stop-Motion-Filme drehen. Die 9- bis 15-Jährigen nehmen an einem Feriencamp zum Thema »Ich zeige Dir mein Zuhause« teil. »Wir sind nur Gastgeber und sorgen für den Rahmen«, erklärt Jola Grenke. »Man könnte auch sagen, wir sind Eventmanager in unserem eigenen Haus. Der Weg dahin war lang und nicht immer einfach.«

Das Paar stammt aus Stettin und lebte 20 Jahre in Schleswig-Holstein. Beide hatten Jobs im IT-Bereich. »Mit 50 beziehungsweise 48 Jahren wollten wir uns verändern, weg von unseren Berufen und etwas Neues im deutsch-polnischen Grenzgebiet aufbauen und Brücken zwischen den Menschen bauen«, fasst Orlowski die Idee von damals zusammen. Sie hörten, dass das Gutshaus Ramin im Landkreis Vorpommern-Greifswald zum Verkauf stand. Einst als herrschaftliches Wohnhaus im 18. Jahrhundert gebaut, diente es während des Kriegs als Führerschule der Hitlerjugend und danach bis 2003 als Kinderheim. Umbauten während der DDR-Zeit und nach der Wende lassen sich nicht so leicht rückgängig machen. So ist die Auffahrt zu dem einst adligen Anwesen heute aus Beton. »Wir waren trotzdem begeistert: Es liegt direkt im Grenzgebiet, nah an Stettin, und rund um das Haus ist ein sieben Hektar großes Grundstück, der ehemalige Gutspark, mit vielen Möglichkeiten.« Grenke und Orlowski entwickelten ihre Vision, ein deutsch-polnisches Begegnungszentrum zu schaffen, das Menschen aller Couleur zusammenbringt und die Region mit einem lebendigen und bunten Kultur- und Bildungsangebot bereichert. Also kauften die beiden das Anwesen und gründeten den Förderverein Gutshaus Ramin.

»Wir hatten uns das damals viel einfacher vorgestellt«, sagt Orlowski rückblickend mit einem Seufzer. Eine große Herausforderung sei gewesen, sich im ländlichen Umfeld der ehemaligen DDR zurechtzufinden. »Wir wurden mit unserer Vision, hier Kultur anbieten zu wollen, teilweise ausgelacht. Nur wenige im Dorf haben geglaubt, dass wir bleiben würden. Wir fühlten uns toleriert, aber nicht akzeptiert.« Als zweites Problem nennt er das fehlende Geld. Das Paar erstellte ein Konzept, beauftragte einen Architekten, Umbau- und Restaurierungspläne zu entwickeln und beantragte einen Kredit. Dann kam die Finanzkrise, und alle Banken zogen sich zurück. Daraufhin stellten sie einen Förderantrag für ihre Vorhaben: abgelehnt. Begründung: »Wir hatten angegeben, dass eine Million Menschen in unserem Einzugsgebiet leben, da wir das 20 Kilometer entfernte Stettin dazuzählten. Die zuständige Behörde, die den Antrag bearbeitete, berechnete aber nur die Einwohner der dünn besiedelten Region auf deutscher Seite. Das war ein Tiefschlag für uns.«

Grenke und Orlowski entschieden sich, wieder arbeiten zugehen. »Wir hatten eigentlich keine andere Wahl, denn wir wollten das Haus nicht wieder verkaufen.« Grenke arbeitete zunächst in Pasewalk und dann in Hamburg. Orlowski entwickelte Projekte für einen Investor in Polen. »So haben wir in dem Haus gewohnt, schrittweise renoviert und immer zwischendurch kleine Veranstaltungen wie Konzerte, Lesungen oder Tangoabende organisiert.« Grenke blickt zufrieden auf das Eichenparkett: »Das ist der Originalfußboden, der mit Linoleum und einer dicken Schicht Kleber abgedeckt war. Wir haben Quadratmeter für Quadratmeter abgespachtelt.«

Auf der Suche nach einer Möglichkeit, sich selbstständig zu machen, entdeckte Grenke, wie viele Wildkräuter auf ihrem sieben Hektar großen Grundstück wachsen. Kurz entschlossen absolvierte sie eine Ausbildung zur Heilkräuterexpertin und zertifizierten Coachin für Selbstversorgung mit essbaren Wildpflanzen, gründete das Unternehmen »Wildkräuter Gutshaus Ramin«, richtete sich eine Kräuterküche und -werkstatt im

Gutshaus ein und baute einen Onlineshop auf. Heute bietet sie zusätzlich Kräuterwanderungen und -seminare an. »Mitten in diese Gründungsphase kam Corona.« Ein weiterer Tiefschlag. »Aber rückblickend war es für uns gut. Ich konnte mein Unternehmen aufbauen und ausbauen, und wir hatten viel Zeit zum Renovieren.«

Mittlerweile wird das Haus gut gebucht. »Wir haben das ganze Jahr über Veranstaltungen, Workshops, Freizeiten, Familienfeiern, Kunstausstellungen oder Konzerte. Und das meiste davon ist zwei- oder mehrsprachig«, resümieren Grenke und Orlowski zufrieden. »Heute sind wir eine Marke, die in der Region bekannt und anerkannt ist.«

Aber ein großes Ziel haben die beiden noch: »Wir wollten immer ein nachhaltiges Projekt entwickeln, das auch ohne uns weiterläuft. Beim Förderverein ist es uns schon gelungen, dass jüngere Leute Verantwortung übernehmen. Jetzt müssen wir noch einen Weg finden, dass auch das Gutshaus als Ort der Begegnung im deutsch-polnischen Grenzraum weiter funktioniert, wenn unsere Kräfte irgendwann mal nachlassen.«

Mit dem Kutter zwischen Polen und Deutschland

Mehrmals täglich pendelt »Lütt Matten« von Deutschland nach Polen und zurück. Der fast 70 Jahre alte Krabbenkutter fährt als Fährschiff zwischen Altwarp in Deutschland und Nowe Warpno in Polen hin und her. Die Strecke beträgt etwa 1.500 Meter und dauert gut zehn Minuten. Eine Touristenattraktion im Süden des Stettiner Haffs, wo es außer Wasser, Wald und Natur nicht viel gibt.

»Wir wollten dort arbeiten, wo wir leben. Arbeitsplätze gibt es hier wenig, also haben wir uns selbst etwas aufgebaut«, erklären Christine und Martin Bocklage aus Altwarp am nordöstlichsten Festlandspunkt Deutschlands. Wichtig war beiden auch, dass sie neben ihrem Job auch Zeit für die Familie haben. Martin, 40 Jahre, hat Schiffsmechaniker gelernt und Nautik studiert. Jahrelang hat er auf Hafenschleppern in verschiedenen Häfen gearbeitet und kam nur am Wochenende nach Hause. Christine, 38 Jahre, hat in der Hotellerie gelernt und gearbeitet. »Aber auf Hotel hatten wir beide keine Lust, deswegen wurde es ein Fährbetrieb.« 2010 kauften sie den alten Fischkutter mit Holzdeck und bauten ihn zu einem Fährschiff um. Seit 2011 fahren sie von April bis Oktober überwiegend Touristen von Altwarp nach Nowe Warpno und zurück. Jeder Handgriff sitzt, ruhig und entspannt gehen sie ihrer Routine nach, während die Gäste auf den Holzbänken des historischen Fischkutters sitzen und den Blick über das Wasser schweifen lassen. Ein paar freundliche Worte zur Begrüßung und zum Abschied gehören zum Service für die Touristen dazu. »Unser Vorteil ist, dass wir diesen Fährbetrieb zu zweit regeln können und keine Mitarbeiter brauchen. Aber krank werden dürfen wir auch nicht«, so Martin.

Sowohl Altwarp als auch Nowe Warpno sind kleine Fischerdörfer. Sie liegen beide am Südufer des Stettiner Haffs auf Halbinseln am Zugang

zum Neuwarper See. Die Grenze zwischen Polen und Deutschland verläuft hier als Seegrenze durch das Stettiner Haff. Es gibt keine großen Hotels, dafür viel Natur mit Wasser und Wäldern. »Wir sind die einzige Attraktion hier«, so Martin. »Deshalb fahren wir auch nur von Mittwoch bis Sonntag. Touristen haben Zeit, die müssen nicht am Montag fahren, sondern können bis Mittwoch warten.«

»In den 1990er Jahren gab es von Altwarp nach Nowe Warpno einen regen Butterschiffsverkehr«, erzählt Martin. An manchen Tagen seien 5.000 bis 7.000 Menschen täglich nach Polen auf den Polenmarkt in dem kleinen Fischerdorf geströmt. Er schätzt, dass auf beiden Seiten jeweils über 100 Arbeitsplätze an diesem Einkaufstourismus hingen. »Die Menschen wurden mit Bussen an den kleinen Hafen gefahren. Das brachte viele Gäste in die Grenzregion, und beide Orte haben stark davon profitiert.« Während Kutter »Lütt Matten«, der für etwa 30 Gäste Platz bietet, in der Saison sechsmal pro Tag hin und her fährt, habe es damals jeweils 56 Schiffsabfahrten auf jeder Seite gegeben. Damit war 2004 mit dem Beitritt Polens in die EU schlagartig Schluss, denn es gab keinen zollfreien Einkauf mehr. Das Geschäftsmodell »Butterfahrt« hatte sich erledigt,

auch zwischen Altwarp und Neuwarp, und es wurde wieder ruhig in den Fischerdörfern.

Christine und Martin mögen ihr Schiff und ihre Arbeit. »Solange wir nicht an Ämter und Behörden denken, macht uns das richtig Spaß hier«, so der Kapitän, während er entspannt in seiner Steuerkajüte sitzt und mit den Füßen das Steuerrad bedient. »Es ärgert mich schon manchmal, dass wir sowohl in Deutschland als auch in Polen Gebühren pro Fahrgast zahlen müssen.« Viele Touristen kämen nur hierher, um mit der Fähre zu fahren. »Eigentlich müssten wir unterstützt werden, da wir den Tourismus in den beiden Orten am Leben halten.«

Die Bocklages bieten mit ihrem 14 Meter langen Kutter auch Rundfahrten auf dem Stettiner Haff an. »Und dann kann man uns für alle möglichen Anlässe wie Hochzeiten, Betriebsfeiern oder Bestattungen buchen«, so Christine. »Seebestattungen sind ein wichtiger Zweig für unseren Betrieb. Wir machen ungefähr 100 pro Jahr.«

Die Bocklages wollen ihren Betrieb noch erweitern. Sie haben ein zweites Schiff gekauft. »Das ist größer und hat zwei Salons«, so Martin. »Dann können wir auch mit größeren Gesellschaften auf das Stettiner Haff fahren. Außerdem sind wir dann wetterunabhängig und können die Saison verlängern«, ergänzt Christine. Ende des Jahres soll das Fahrgastschiff »Nordost« den Betrieb aufnehmen. Sie plant schon Glühwein- und Tanzfahrten auf dem Haff. »Ja, ich bin ein Multitalent. Von Gastronomie über Schiffsführerin bis Bestatterin mache ich alles«, so die gelernte Hotelfachfrau. »Und ich bin auch noch Mutter«, fällt ihr noch ein, während sie die Seile löst und der Kutter wieder mit Touristen über die Seegrenze tuckert.

Menschen mit Grenzidentität

Dana Jesswein will sich nicht entscheiden müssen, ob sie Deutsche oder Polin ist. »Stettin ist meine Heimatstadt, jetzt wohne ich in Mecklenburg-Vorpommern und arbeite in Brandenburg.« Die 42-jährige Kulturmanagerin will nicht in Nationalstaaten denken. Sie spricht von Grenzidentität. »Die Grenzregion mit dem gemeinsamen Kulturraum zwischen Stettin und Berlin ist mein Zuhause. Und ich interessiere mich für die Welt, für Kultur und das, was Menschen bewegt«, sagt die gebürtige Polin in einem Café in Stettin.

Dana Jesswein lebt in einem kleinen Dorf in Deutschland, direkt an der Grenze zu Polen. »Das Landleben ist wunderbar. Ich bleibe aber nach wie vor mit der Stadt verbunden«, erzählt die engagierte Frau in einem Literaturcafé im Zentrum Stettins. »Ich suche mir aus beidem das Beste heraus«, erklärt sie das scheinbar Widersprüchliche an ihrer Lebensphilosophie. »Ich lebte mit meinem Mann in einer Wohnung in Stettin. Wir wollten uns verändern und suchten außerhalb der Stadtgrenzen nach einer Alternative. Dabei spielte es keine Rolle, auf welcher Seite der Staatsgrenze das neue Zuhause sein würde.« 2007 fand die Familie das passende Dorf mit dem entsprechenden Haus in Deutschland. Bis vor zwei Jahren pendelten beide täglich nach Stettin zum Arbeiten. Die Kinder gehen in deutsche Schulen, zu Hause wird Polnisch gesprochen.

Jesswein hat viele Jahre als Kulturmanagerin in Polen gearbeitet, auch an internationalen Projekten. Seit zwei Jahren arbeitet sie in Deutschland und seit letztem Jahr in der Kontaktstelle für das europäische Förderprogramm Interreg zwischen Polen und Deutschland. »Hier mache ich genau das, was ich lebe. Ich engagiere mich für die Grenzregion und kann neue Projekte entwickeln und voranbringen.« Jesswein kann in ihrem Beruf alles zusammenbringen, was sie bewegt: Menschen, Regionen, Stadt und Land und ihre vielfältigen Netzwerke. Und sie kann ihre Sprachkenntnisse in Polnisch, Deutsch und Englisch anwenden. »Mir ist es wichtig, raus aus meinem Büro zu kommen. Ich muss Menschen treffen, um zu erfahren, wie sie denken und was sie brauchen. Und so kann ich die Entwicklung neuer Projekte unterstützen.«

Sie hat große Visionen, und manchmal ist sie ihrer Zeit vielleicht auch ein bisschen voraus, zum Beispiel als sie sich für die Bewerbung Stettins als Kulturhauptstadt 2016 einsetzte. »Wir haben uns als deutsch-polnischer Kulturraum beworben.« In einem gemeinsamen Kulturraum gehe es darum, dass sich Menschen mit Verständnis, Respekt und Offenheit begegnen, eine gemeinsame Beziehung zu ihrer Umwelt und zu ihrer Geschichte und somit ein gemeinsames Gedächtnis aufbauen. Dazu müssten sprachliche, wirtschaftliche, verkehrstechnische oder administrative Barrieren abgebaut werden, damit die Menschen die Möglichkeit haben, auf beiden Seiten der Grenze an der jeweiligen Gesellschaft teilzuhaben. »Kreative und überzeugende Projektideen gab es aus Polen und

Deutschland gleichermaßen.« Stettin wurde nicht Kulturhauptstadt. »Ob es daran lag, dass wir uns nicht als Kulturhauptstadt, sondern als Kulturraum beworben haben, weiß ich nicht.«

Manchmal wird die Aktivistin auch von der Realität eingeholt. Nicht alle Menschen denken so grenzenlos. Etwa die Hälfte der Menschen in dem 150-Seelen-Dorf, in dem sie lebt, sind Deutsche. Die andere Hälfte sind polnische oder binationale Familien. »Obwohl wir seit 15 Jahren in dem deutschen Dorf leben, wird es vielleicht noch weitere 15 Jahre dauern, bis daraus ein wahres Miteinander wird«, beschreibt sie ihre Situation. An der Sprache kann es nicht liegen. Sie spricht hervorragend deutsch, ihr Mann ist Germanistikprofessor an der Universität Stettin, und ihre Kinder besuchen deutsche Schulen. Sie überlegt, woran es liegt: »Vielleicht weil die Familien schon immer in dem Dorf leben und sich aus Kindertagen kennen? Oder weil wir woanders herkommen und heute noch anders leben?«

Jesswein beobachtet die Entwicklung in der deutsch-polnischen Grenzregion mit der besonderen Geschichte intensiv. »Stettin war jahrhundertelang deutsch, hat 1945 seine Einwohner ›ausgetauscht‹ und sucht bis heute nach einer neuen Identität. Nach der Wende begannen die Menschen, nach den Wurzeln zu suchen. Langsam sickert ins Bewusstsein, dass die polnischen Einwohner die Geschichte der deutschen Generationen in Stettin fortschreiben.«

Jesswein ist überzeugt, dass es eine Grenzidentität gibt. »Die Grenzen verblassen, und es wird immer unwichtiger, ob man in Polen oder Deutschland lebt, die polnische oder deutsche Staatsangehörigkeit hat.« Wichtig sind für Jesswein Begegnungsorte für Menschen, die gemeinsam in Dörfern der Grenzregion leben. Dies könnten auch kleine, private Initiativen sein. Sie selbst denkt an offenes Musizieren oder Leseabende in ihrem Zuhause. »Hier im Grenzraum sind nicht mehr nur deutsche und polnische Familien zu Hause, sondern Deutsche, Polen und ›Grenzländer‹ – Menschen mit Grenzidentität.«

51

Die Kraft der Geschichten

Monika Szymanik sammelt Geschichten. »Und es kommen immer mehr Geschichten auf mich zu«, so die 47-Jährige in ihrem kleinen Café in der Stettiner Altstadt. »Zuerst habe ich mich nur in den Fußboden verliebt und hätte mir nie träumen lassen, welche Schätze hier verborgen sind. Und jetzt ist dieser Ort mein Leben, in dem ich alles verbinden kann, was mir wichtig ist: Bücher, Kaffee, Begegnungen mit Menschen und deren Geschichten«.

Aufgewachsen ist Monika Szymanik in einer polnischen Kleinstadt im sechsten Stock eines Nachkriegswohnblocks. Ihr Kindergarten war in einem Altbau. Sie mutmaßt, dass damals vielleicht schon ihre Liebe zu Altbauten geweckt wurde. Acht Jahre lebte sie in Hamburg, arbeitete als Au-pair und studierte nebenbei in Stettin Germanistik. »Seit ich mit meinem Mann in Stettin lebe, habe ich nur in Altbauten gelebt. Zunächst im schönsten Jugendstilhaus in Stettin«, schwärmt sie. Einige Jahre später entdeckte sie ein Haus im Wald. »Es war wunderbar, das Haus im Wald zu haben und die Wohnung in der Stadt, aber auf Dauer zu teuer.« Da sie nicht als Deutschlehrerin arbeiten wollte, begann sie ihren Traum zu verwirklichen und ein Buch über Altbauten in Stettin zu veröffentlichen. »2018 eröffnete ich meinen Instagram-Account, zog mit meinem Smartphone durch die Straßen Stettins, machte Fotos und klingelte an Türen alter Häuser. Viele Menschen öffneten ihre Wohnungen, ließen mich fotografieren und erzählten mir ihre Lebensgeschichten.« 2019 erschien das Buch *Altbauliebe einer Stettinerin* auf Deutsch und Polnisch im Eigenverlag, ein Bildband mit wunderschönen Fotos und persönlichen Texten von der Autorin. »Am Anfang habe ich das Buch im Internet verkauft, aber ich dachte, ich brauche einen Ort in meiner Stadt Stettin, an dem ich das Buch präsentieren kann.« Gemeinsam mit ihrem Mann suchte sie ein leerstehendes Ladenlokal, um ein kleines Café zu eröffnen, und

fand eine ehemalige Metzgerei in der Pocztowa 19. »Keiner wollte den Laden, er war auch völlig heruntergekommen, aber ich sah den wunderschönen Mosaikfußboden, und wir mieteten den kleinen Raum und begannen zu renovieren.« Hinter einer verputzten Wand entdeckten sie die Originalfliesen der Metzgerei von 1904 mit dem Schriftzug »Ohne Fleiß kein Preis«. Die Wand wurde zum Schmuckstück und Blickfang in dem kleinen Café. Auf der gegenüberliegenden Seite hängen große Spiegel in goldenen Rahmen, die die Fliesenwand noch mehr zur Geltung bringen.

Mittlerweile hat Monika mehrere Bücher veröffentlicht. In dem Kellerraum hat sie ein kleines Museum mit Vorkriegsgegenständen eingerichtet – eine alte Mangel, alte Fliesen mit der Aufschrift »Morgenstund hat Gold im Mund«, einen alten Pappkarton, in dem Opekta-Geliermittel verpackt war. »Alles Sachen, die die Menschen irgendwo auf Dachböden oder unter Fußböden gefunden haben.«

Doch damit nicht genug: Vor drei Jahren kam Michał Lewandowski mit einem Foto in das Café. Es zeigte ihn als kleinen Jungen mit seinen Eltern in dem Metzgerladen. Sein Vater verließ Polen in den 1920er Jahren und lebte und arbeitete als Metzger in Paris und heiratete eine Polin, die einige Zeit in Deutschland Zwangsarbeit leisten musste. 1946 kommt Michał in Paris zur Welt. 1948 zieht die Familie wieder nach Stettin und übernimmt den kleinen Metzgerladen mit dem Schriftzug »Ohne Fleiß kein Preis.« Der Betrieb wurde Anfang der 1950er Jahre verstaatlicht, die Familie wollte zurück nach Paris. Dafür bekam sie aber im sozialistischen Polen keine Genehmigung. Das Foto der Familie hängt jetzt an den historischen Kacheln.

Die Autorin erzählt noch eine andere Geschichte: Eines Tages trifft sie einen Mann vor dem Jugendstilhaus, in dem sie ein paar Jahre gewohnt hat. Sie kommt mit ihm ins Gespräch, und Siegmar Jonas erzählt, dass er 1940 in Stettin geboren sei und bis 1946 in jenem Haus gewohnt hat, eine Etage höher. Es entwickelte sich eine Freundschaft und ein Buch. Monika Szymanik hat die Kindheitserinnerungen seiner fünf Jahre älteren Schwester Christel ins Polnische übersetzt. Christel kam als dreijähriges Mädchen 1938 mit ihrer Familie von Berlin nach Stettin. Für das Buch hat Monika Fotos von vielen Orten in Stettin gemacht, die in den Kindheitserinnerungen erwähnt werden. Jetzt arbeitet sie daran, das Buch auf Deutsch herauszubringen und es mit Fotos aus Berlin zu ergänzen, denn dorthin ging die Familie wieder zurück, als sie Stettin verlassen musste.

»Ich suche immer nach dem, was uns verbindet und nicht, was uns trennt. Siegmar und mich hat das Altbauhaus verbunden. Menschen, die das Buch jetzt kaufen, verbindet es mit ihrer eigenen Geschichte. Sie waren vielleicht im Winter in dem gleichen Park beim Schlittschuhlaufen wie Christel.« Die Stettinerin ergänzt: »Unsere deutsch-polnische Geschichte ist nicht einfach, aber es hilft immer, die Gemeinsamkeiten zu suchen. Christel hat sicherlich nie vermutet, dass ihre Kindheitserinnerungen als *Dzieciństwo* auf Polnisch erscheinen würden.«

»Ich möchte die ganze Geschichte Stettins erzählen, und dazu gehört auch die deutsche Geschichte«, erklärt die Autorin. Und dass das Interesse groß ist, zeigen der Erfolg ihrer Bücher, das Café und die weit über 10.000 Follower auf Instagram. »Kamienica w lesie« – Haus im Wald – wurde zu ihrem Markenzeichen.

Die Grenzen des Ehrenamts

Usedom steht nicht nur für lange Sandstrände, viele Sonnenstunden und herrschaftliche Bäderarchitektur, sondern auch für grenzüberschreitende Zusammenarbeit. Das Grenztor auf der deutsch-polnischen Insel ist ein sichtbares Zeichen dafür. Geografisch markiert es die Grenze zwischen den beiden Ländern, aber seine Bedeutung reicht weit darüber hinaus. Es symbolisiert die intensive kulturelle und wirtschaftliche Verflechtung im Grenzraum auf Usedom. Tausende Touristen und Einheimische passieren täglich zu Fuß oder mit dem Fahrrad die Grenze auf der zwölf Kilometer langen Europapromenade zwischen den deutschen Seebädern Bansin, Heringsdorf und Ahlbeck und der polnischen Stadt Świnoujście (Swinemünde). Das Grenztor ist ein beliebtes Fotomotiv: mit einem Bein in Polen, mit dem anderen in Deutschland, im Hintergrund die Dünen und die Ostsee.

Symbole sind wichtig, aber sie allein reichen nicht aus. Mariusz Lokaj, der den Bau der Europapromenade zwischen Heringsdorf und Świnoujście als Projektmanager koordiniert hat, ist begeistert, wie sich die Menschen aus dem polnischen und dem deutschen Teil von Usedom schon angenähert haben. Als Beispiele nennt er deutsch-polnische Schulen in Heringsdorf und Świnoujście oder Kooperationen von Sportvereinen, Feuerwehren, Rettungsdiensten und Verwaltungen. Allerdings sieht er ein großes Problem: Die deutsch-polnische Zusammenarbeit und die gemeinsame Weiterentwicklung des Grenzraums ist für Kommunen keine Pflichtaufgabe, sondern eine freiwillige Leistung. »Es hängt immer vom Engagement einzelner Personen ab, dass sich etwas bewegt und neue Projekte angeschoben werden.« Er berichtet von großen Fördertöpfen, die nicht ausgeschöpft werden. »Es ist sehr aufwendig, deutsch-polnische Projekte zu stemmen. Wer ist dazu neben seinen eigentlichen Aufgaben bereit?«, fragt Lokaj. Er organisiert heute als Leiter der Villa

Irmgard, ein Treffpunkt für kulturinteressierte Menschen aus Deutschland und Polen, Kunstausstellungen, Konzerte und Theatervorstellungen und ermöglicht spannende Begegnungen.

Auch Sebastian Antczak engagiert sich für die Insel. Vor zehn Jahren kam er als Profi-Handballspieler nach Usedom, arbeitete nach der Sportkarriere beim Wasserrettungsdienst und beim Rettungsdienst. Aufgewachsen ist der gebürtige Stettiner zweisprachig in Hamburg. Jetzt fühlt er sich als Insulaner und engagiert sich für die deutsch-polnische Freundschaft und die Zusammenarbeit der beiden Inselteile. Ehrenamt und Beruf vermischen sich dabei oft. Seine Liste an Projekten und Initiativen, die er angeschoben und begleitet hat, ist lang: deutsch-polnische Wasserrettungsteams, zwischen Polen und Deutschland vernetzte Rettungsleitstellen oder bi-nationale Sportgruppen und Mannschaften.

Sebastian Antczak

Mariusz Lokaj

»Die Touristen finden es cool, dass sie sich so unkompliziert zwischen beiden Ländern hin und her bewegen können«, weiß der Rettungssanitäter. »Allerdings ist die Grenze noch nicht aus den Köpfen aller Usedomer verschwunden. Auch die gegenseitigen Vorurteile halten sich hartnäckig. Es braucht noch viele Projekte, um die Zusammenarbeit weiter voranzubringen, sodass wir wieder eine Insel werden.« Als Beispiele nennt er eine Kurkarte und ein Tourismuskonzept für die ganze Insel. »Die touristischen Profile des deutschen und polnischen Teils der Insel ergänzen sich und stehen nicht in Konkurrenz miteinander. Sie sind symbiotisch«, erklärt Antczak. »Usedom ist unsere gemeinsame Insel, und dafür engagiere ich mich.«

Projekt- und Kulturmanager Lokaj hat große Visionen von weiteren Bauprojekten als sichtbare Zeichen der Zusammenarbeit zwischen beiden Ländern, zum Beispiel ein internationaler Campus für Jugendliche direkt auf dem Grenzstreifen. »Aber manchmal kommt man an seine eigenen, ehrenamtlichen Grenzen«, sagt Lokaj.

Antczak hingegen träumt von einem deutsch-polnischen Krankenhaus direkt auf dem Grenzstreifen und einem gemeinsamen Rettungsdienst für die ganze Insel. Sie beide verbindet ein großes ehrenamtliches Engagement auf und für die deutsch-polnische Insel mit 76.000 Einwohnern und jährlich mehreren Millionen Touristen.

Grenzräume im Vergleich

Border Studies ist eine eher junge Wissenschaft. Das multidisziplinäre Forschungsgebiet befasst sich mit den sozialen, politischen, wirtschaftlichen und kulturellen Aspekten von Grenzen und Grenzregionen. Florian Weber und Georg Wenzelburger sind Professoren an der Universität des Saarlandes und forschen zu Grenzen und Grenzregionen, unter anderem an der deutsch-französischen und an der deutsch-polnischen Grenze.

Seit wann gibt es das wissenschaftliche Fachgebiet Border Studies?

Weber: Durch die politische Wende und die gesellschaftspolitischen Umbrüche nach 1989 entwickelte sich zwischenzeitlich die Idee einer grenzenlosen Welt. Aus heutiger Sicht betrachtet, war das eher eine Utopie. Forschende begannen in den 1990er Jahren und besonders mit Beginn der 2000er Jahre, Grenzräume über die Landesgrenzen hinweg als eigene Strukturen zu betrachten und zu erforschen – und dies mit einem veränderten Blick: Es wird davon ausgegangen, dass Grenzen und Grenzräume sozial hergestellt sind und immerwährenden Veränderungen unterliegen.

Wenzelburger: Der deutsch-französische Grenzraum war auch schon vor 1989 Gegenstand der Forschung, aber es wurden meist nur einzelne Aspekte wie zum Beispiel Arbeitsmigration beleuchtet. In der jüngeren Zeit werden Grenzräume umfassender untersucht, in meiner Disziplin – der Politikwissenschaft – erst seit Beginn des neuen Jahrtausends.

Was sind die Unterschiede und Gemeinsamkeiten der beiden Grenzregionen Polen-Deutschland und Deutschland-Frankreich?

Wenzelburger: An der Westgrenze Deutschlands gibt es eine lange Zeit der erprobten Wechselbeziehungen. Deshalb gibt es in der Grenzregion Frankreich-Deutschland ein anderes Niveau und eine andere Tiefe der Beziehungen. An der Ostgrenze Deutschlands sind diese Netzwerke noch im Aufbau und haben deshalb noch nicht die Tiefe und Breite. Ein weiterer Unterschied zwischen West- und Ostgrenze sind die unterschiedlichen politischen Rahmenbedingungen. Bestimmte Dinge müssen in Warschau und können nicht auf regionaler Ebene entschieden werden, wobei die aktuelle politische Konstellation sicherlich nicht hilfreich ist. Menschen in der Grenzregion sehen eher die Notwendigkeit für bestimmte Zusammenarbeit oder grenzüberschreitende Projekte, während man das zurzeit in Warschau anders sieht.

Aber Frankreich ist genauso zentralistisch organisiert. Müssen Entscheidungen, die die Grenzregionen betreffen, nicht über Paris laufen?

Wenzelburger: Doch, generell schon. Aber an der französischen Grenze gibt es aufgrund der langen Zusammenarbeit bei Kommunalpolitikern ein gewisses Selbstbewusstsein, sodass Entscheidungen in Paris manches Mal eher durchgewunken werden. Außerdem haben gesetzliche Änderungen in den vergangenen Jahren – etwa die »loi 3DS« – den unteren politischen Ebenen in Frankreich einen etwas größeren Spielraum eröffnet, selbst zu gestalten.

Weber: Es ist vor allem die politische Lage im jeweiligen Land, die Entscheidungen und Projekte vereinfacht oder verkompliziert. An der Ostgrenze sind auf lokaler Ebene Wunsch und Wille zur Zusammenarbeit oft viel stärker als auf nationaler Ebene. Deshalb klappt der informelle Austausch sehr gut, aber sobald es um Entscheidungen oder Finanzierung geht, müssen die entsprechenden Stellen in Warschau eingeschaltet werden.

Wenzelburger: Das ist aber kein rein polnisches Problem, das gleiche könnte in Frankreich auch passieren. Wenn die Partei Rassemblement National an die Macht käme, könnte das auch zu Rückschritten bzw. nationalistischeren Entscheidungen führen. Allerdings ist das in den Grenzregionen Frankreich-Deutschland unter anderem durch gewachsene Strukturen und politische Übereinkünfte wie den Aachener Vertrag von 2019 gar nicht so leicht möglich. Gemeinsame Institutionen oder Verwaltungsstrukturen wären nicht so leicht aufzulösen.

Gibt es mit Polen einen vergleichbaren Vertrag?

Weber: 1991 wurde der Vertrag zwischen der Bundesrepublik Deutschland und der Republik Polen über gute Nachbarschaft und freundschaftliche Zusammenarbeit unterzeichnet, der eine Basis für die grenzüberschreitende Kooperation bildet.

Florian Weber (links) und Georg Wenzelburger forschen zu Grenzräumen.

Die deutsche Stadt Guben und die polnische Stadt Gubin haben beispielsweise eine gemeinsame Kläranlage. Solche Einrichtungen der Infrastruktur sind in der Regel dauerhaft und können bei einem Regierungswechsel nicht einfach aufgelöst werden.

Genau. Wissenschaftlich spricht man hier von versunkenen Kosten, die Pfadabhängigkeiten erschaffen. Sprich: Wenn ich einmal Geld investiert und Institutionen (mit Personal) geschaffen habe, können sie nicht so einfach wieder abgeschafft werden. Denn alle anderen Akteure haben sich darauf eingestellt, dass die Institutionen existieren und gewisse Aufgaben übernehmen. Insofern haben solche Einrichtungen dann häufig unabhängig vom politischen Tagesgeschäft Bestand.

Können starke Grenzregionen mit intensiven Verflechtungen nationalstaatliches Denken eindämmen?

Wenzelburger: Eine Studie aus dem Jahr 2005 zur deutsch-französischen Grenzregion zeigt, dass Menschen an der Westgrenze Deutschlands etwas europäischer orientiert sind als die Menschen im Rest des Landes. Das zeigt sich aber nicht in Frankreich. Wir haben zudem jüngst neue Daten ausgewertet, und die zeigen auch kein klares Muster, wonach Menschen in Grenzregionen grundsätzlich europäischer eingestellt wären. Aber das sind alles Momentaufnahmen – es gibt leider aktuell noch viel zu wenig detaillierte Daten über die Grenzregionen, und somit können wir als Wissenschaftler dazu wenig klare Aussagen machen.

Offene Grenzen waren in den letzten Jahrzehnten im Schengenraum selbstverständlich. Plötzlich wurden diese während der Pandemie teilweise geschlossen. Was bedeutete das für die Grenzräume?

Weber: Die zeitweisen verstärkten Grenzkontrollen und teilweisen Grenzschließungen haben viele wachgerüttelt, denn vielen war gar nicht bewusst, wie stark die Verflechtungen in den Grenzräumen tatsächlich sind. Und auch hier zeigte sich der enorme Forschungsbedarf. Ein Vorteil der Pandemie war, dass sich die Akteure auf lokaler Ebene noch besser kennengelernt haben – und dies gilt für beide Grenzräume Deutschland-Frankreich und Deutschland-Polen. Die Entscheidungswege müssen zwar jetzt immer noch eingehalten werden, aber dieses Engagement auf lokaler und regionaler Ebene kann man in Warschau oder Paris nicht mehr einfach ignorieren.

Was hat den größten Einfluss auf das Zusammenwachsen zweier Staaten: wirtschaftliche Verflechtung, Arbeitsmigration, interkommunale Zusammenarbeit, Sprache, Bildung, Kultur, Naturschutz, Verkehr …?

Weber: Das ist eine schwierige Frage. Arbeitsmigration heißt nicht unbedingt, dass man sich mit dem Nachbarn verbunden fühlt. Im Gegenteil: Arbeitsmigration und unterschiedliche Löhne in den betreffenden Ländern können auch zu Konflikten führen. Wir wissen wiederum von positiven Effekten durch Zusammenarbeit auf politischer und administrativer Ebene. Hier werden persönlicher Austausch, Arbeitsmarkt und Konsum als wichtige Punkte identifiziert.

Wenzelburger: Wenn man die Entwicklung der deutsch-französischen Grenzregionen betrachtet, spielten die Wirtschaftsbeziehungen eine große Rolle. Die Gründung der Europäischen Gemeinschaft für Kohle und Stahl, auch Montanunion genannt, war der erste große Schritt der

Europäischen Integration, also der immer enger werdenden politischen und wirtschaftlichen Zusammenarbeit in Europa. Und erst dann kamen die weiteren Integrationsschritte bis hin zur Sozialpolitik. Insofern könnte man erwarten, dass beginnende Verflechtung zu noch mehr Verflechtung auch in Grenzregionen führt.

Und welche Rolle spielt die Sprache?

Weber: Ein gegenseitiges Sprachverständnis ist hochgradig relevant. Es geht dabei nicht um absolut perfekte Sprachkenntnisse der Sprache des Nachbarlandes, sondern vielmehr um zentrale Grundlagen, das heißt, um eine funktionale Mehrsprachigkeit.

Wenzelburger: Über die Sprache lernt man auch die Kultur des Nachbarn kennen. Auf der deutsch-französischen Ebene klappt es mit der Sprache ganz gut. Aber die Zahlen entwickeln sich in die falsche Richtung, gerade die jüngere Generation in Frankreich lernt weniger Deutsch. Und in den deutsch-polnischen Grenzregionen sind Sprachkenntnisse auf beiden Seiten der Grenze noch nicht so ausgeprägt, was die grenzüberschreitende Zusammenarbeit hemmen könnte.

Wäre es eine Alternative, sich auf Englisch zu einigen?

Weber: Nicht durchgehend. Es gibt mitunter Verluste bei der Verständigung, wenn die Kommunikation über eine dritte Sprache läuft. Das hat sich in der Vergangenheit sowohl beim Aushandeln von Verträgen in englischer Sprache als auch bei Konferenzen gezeigt.

Welchen Beitrag können Grenzräume mit starken Verflechtungen zu einem vereinten Europa leisten?

Weber: Die Europäische Kommission hat im Lichte der Covid-19-Pandemie Grenzregionen als »living labs« der Europäischen Integration bezeichnet. In Grenzregionen können enge Verflechtungen sehr aktiv erlebt werden. Gibt es hier enge Austauschbeziehungen, kann dies über die nationalstaatlichen Nahtstellen einen Beitrag zu einer Weiterentwicklung der EU leisten.

Beatrix Flatt lebt seit 30 Jahren als freie Journalistin mit ihrer Familie in Helmstedt an der ehemaligen innerdeutschen Grenze. Sie liebt es, in ihrer Freizeit alle möglichen Landschaften und Gegenden zu Fuß und mit dem Fahrrad zu erkunden. Für ihre Arbeit kann sie ihr Interesse an Menschen, ihre journalistische Neugier und ihre Leidenschaft fürs Wandern und Radfahren bestens miteinander verbinden.

2019, 30 Jahre nach der Grenzöffnung, absolvierte die Journalistin 1.400 Kilometer vom Dreiländereck bei Hof bis zum Priwall an der Ostsee entlang des Eisernen Vorhangs, pendelnd zwischen Ost und West – zu Fuß. Dabei interviewte sie viele Menschen entlang des Grünen Bandes, das sich nach der Grenzöffnung vom Todesstreifen zur Lebenslinie entwickelt hat.

Als Grenzgängerin fuhr sie im Sommer 2023 die deutsch-polnische Grenze mit dem Fahrrad ab. Auch auf dieser Tour sprach sie mit Menschen östlich und westlich von Oder und Neiße. Ein Stipendium der VG WORT im Rahmen von NEUSTART KULTUR ermöglichte ihr unter anderem die wertvollen Recherchen dazu.

VG WORT

NEU START KULTUR

Die Beauftragte der Bundesregierung für Kultur und Medien